引导式亲子对话术

[日]本田千织 著
孙律 译

中国友谊出版公司

只 为 优 质 阅 读

好
读
Goodreads

前言

"对每个孩子来说,自己才是生命的主宰。父母只需略施援手,然后守护即可。"

从孩提时代开始,父母便一直对我这么说。不过,直到开始学习精神疗法和"引导式对话",我才深切感受到这是何等重要。

"唯有密切交流,意思才能传达。"虽然对这个理念并不陌生，但只有亲自育儿之后才能切身体会。

父母与子女、子辈与孙辈、大孩子和小孩子之间……作为人与人的接触方式，交流无处不在。置身其中，我深感育儿是一件多么重要且有意义的大事。

本书围绕与孩子的交流之道展开说明，旨在帮助父母与孩子其乐融融、忙碌又不失开心地度过每一天。书中介绍的技巧不少是本人从精神疗法和"引导式对话"理念中学来的，受父母养育我和弟弟的方式影响颇深，也是抚养两个孩子的心得体会。

只需一一加以尝试，你和孩子的关系一定可以产生可喜的变化。

"哎呀，真是的！你怎么老是这样呢？""明明睡着的时候像个天使……"每日诸如此类的烦躁在不经意间烟消云散，夜晚我也不再辗转难眠、长吁短叹。

我、我的丈夫、4岁的纱纱和一岁半的康康都会在书中登场，彼此的交流方式可以作为不错的参考。

让全天下的孩子喜笑颜开是我的心愿。而且，为了孩子的笑脸，父母的笑容同样不可或缺。但愿你能从书中有所收获，与孩子快乐地度过每一天。

假如你正为不知如何与孩子相处而烦恼，渴求加深亲子关系，或是希望走进孩子的内心世界，相信本书可以助你一臂之力。倘若你和孩子因此更加亲密，那是我的莫大荣幸。

本田千织

目录
CONTENTS

PART 1
用引导式亲子对话，与孩子更紧密地联结

如何建立更亲密的亲子关系 – 003
  父母要由衷地信任孩子 – 005
  "支持"比"代替"更重要 – 007
  父母开心，孩子才会开心 – 014
引导孩子自己寻找答案 – 017
孩子从父母身上学会沟通 – 021
  与孩子步调一致 – 025
  与孩子产生共情 – 027
专题：如何成为妈妈心中的好爸爸 – 031

PART 2
引导孩子开心交流，共享快乐的亲子时光

不要欺骗孩子 — 035
分享失败经历，孩子更亲近你 — 039
教你学会"婴儿手语" — 043
孩子无理取闹，父母怎么办？ — 050
孩子需要赞美 — 056
多说肯定句，开心每一天 — 059
专题：孩子的记忆力和思考能力 — 065

PART 3
用笑容引导孩子形成开朗的性格

接受孩子的不完美 - 069
不要把自己的想法强加给孩子 - 072
V、A、K 三种感觉，你了解吗？ - 080
男孩女孩的本质区别是什么？ - 088
  为什么男孩的嗓门大？ - 090
  男孩是行动派，女孩是谨慎派？ - 092
  爱好因性别不同？ - 094
"速度型"孩子和"慢热型"孩子的区别是什么？ - 098
  父母要与孩子节奏同步 - 103
专题：长辈可以提供怎样的支持？ - 105

PART 4
引导孩子学会换位思考，在更广阔的天地遨游

转变"视角"会有新的发现 – 109
    全方位观察孩子 – 112
    接受孩子本来的样子 – 115
    父母自己的孩提时代 – 117
    耐心地跟孩子说话 – 122
影响孩子心情的批评方式和表扬方式有哪些？ – 125
    批评或表扬的 3 个主语 – 125
    表扬可以引导孩子不断进步 – 134

"喜欢"和肌肤接触的幸福感——"爱的语言" - 139

"开吃啦"和美食——"呼应的语言" - 144

"谢谢"与笑脸——"感谢的语言" - 148

喜欢被人"求助"——"请求的语言" - 152

诚恳地对孩子说"对不起"——"道歉的语言" - 154

"复述"有助于孩子独立思考 - 159

优缺点如何转换？ - 167

专题：孩子乐于助人 - 171

 - 173

PART 1

用引导式亲子对话，与孩子更紧密地联结

如何建立更亲密的亲子关系

怎样才是亲密的亲子关系？

父母和子女总是带着笑容？和孩子像朋友一样相处？彼此无话不谈？……

不是这样的，在我看来应该是平时彼此独立，一旦发生什么事又能相互商量、互帮互助。而且，孩子"尊敬父母""想成为父母那样的人"。当孩子结婚的时候，孩子可以微笑着说："希望今后的家庭生活可以像父母那样幸福和谐。"

要实现这个目标，关键在于 3 点：

○ 与子女建立深厚的信任关系

○ 彼此独立

○ 父母树立良好榜样，子女乐于效仿

父母要由衷地信任孩子

立足于精神疗法和"引导式对话"的实践，我认为"构建信任关系"堪称重中之重。那么，怎样做才能建立信任关系呢？

"你还是会有任性的时候吧？"如果是信任的人这么说，你或许可以虚心接受，提醒自己注意。倘若是厌恶的人这么说，你可能并不服气："真没礼貌！你也有资格评论我？"

只有信任之人的话语才能被听取，否则难以让人接受，孩子也是如此。因此，若想与孩子沟通更为顺畅，彼此需要建立更为深厚的信任关系。

其实，如果孩子只有2岁左右，无论父母如何对待，他（她）都会选择无条件地信任父母，尤其是母亲。而且，这时候的父母也普遍认为天下的孩子都是这般可爱。

随着孩子升入幼儿园，是否依然对孩子深信不疑逐渐成为对父母的考验："为什么别的孩子可以，偏偏我们家的做不到？"

"唯独我们的孩子还不会写字……"然而，过了两年，你的孩子已经可以和其他孩子一样会书写。

"就我们的孩子动作慢……"但是，也许你的孩子只是比同龄人更稳重而已。

为了构建信任关系，首先需要由衷地信任孩子。确切来说，就是相信孩子的"可能性"。

换言之，"（无论处于怎样的状态）相信自己一定能把孩子培养好"。

"你现在这样就很好！"如果当前的孩子获得了父母的认可，今后的成长也会更顺利。喜欢孩子现在的样子，有助于增强孩子的自信。

顾名思义，"自信"就是"相信自己"。如果父母不能给予孩子信任，自信也就无从谈起："连爸妈都不相信我……"

认可孩子的现状，可以让孩子在接纳、包容的家庭环境中茁壮成长。作为奖励，你可以因此获得孩子的信任。

"支持"比"代替"更重要

你是否了解"代替"和"支持"的区别?

"代替"是代替对方解决问题;"支持"是为对方出谋划策,一起思考解决问题的办法。两者极易混淆。

不少父母会下意识地代替孩子解决问题并形成习惯,而一味地代替容易剥夺孩子的创造力,因此非常危险。

发现孩子因为不会做题而手忙脚乱时,替孩子解题就是"代替"。"支持"应当是引导孩子完成力所能及的部分,然后再一起找出难题的答题思路,并且予以鼓励:"下次会做得更好!"

通过以上说明,你是否可以理解两者的区别?

"代替"是代人解决问题,无论家长还是孩子都得不到成长。久而久之,孩子习惯偷懒,遇事便向父母求助,这才是问题所在。

"支持"是认真倾听孩子的心声,一起思考对策。具体的

帮助与支持的区别

执行者还是孩子，若能顺利攻克难关，孩子就会有成就感，自信心也会赠强。

因此，**请父母务必以"支持"的方式培养孩子！**

当然，婴儿时期，父母只能"代替"。婴儿有无法自己翻身的时期，母乳喂养时也需要妈妈把奶头塞到嘴里。此外，大小便不能自理，需要大人帮助。

不过，这样的阶段很快就会过去。开始添加辅食之后，出于卫生的考虑，有些父母就喂饭给孩子吃，反而导致孩子不会自己吃饭。此时，孩子需要通过手指的触感培养进食的习惯。所以，父母需要耐着性子，备好适合用手抓来吃的辅食以及方便孩子使用的勺子。

没错，**对孩子的"支持"需要耐心！**

有些事对大人来说轻而易举，但是涉世未深的孩子难免笨手笨脚，需要一定的适应时间。"算啦，妈妈来帮你吧！"急不可耐的情况在所难免，但是还请放宽心。

有一次，和2岁的女儿吃晚饭，她突然说："我不要围兜！"理由是近来吃饭的表现都很好，自信不必再用围兜。

有些道理只有亲身经历才能体会，
有时候不妨放任孩子体验一下吧！

不过，当天晚上吃的是意面，橙色的酱汁很难清洗。何况，纱纱穿的还是崭新的白衬衫，上面印着她十分喜欢的图案。

"纱纱，白衬衫沾上意面就麻烦啦……"然而，女儿丝毫不听劝阻，坚决不戴围兜："没问题的！"

毕竟只是2岁的孩子，不一会儿，只听女儿啊的一声，衣服果然还是沾上了污渍。

面对发呆的女儿，我说："纱纱，衣服弄脏啦，妈妈会洗干净的。不过，事先提醒过你的吧？今后还是把围兜戴上哦。"

"嗯……衣服还能洗干净吗？"

"没问题，妈妈会好好搓、反复洗。"

遭受这样的挫折，女儿老老实实地把围兜戴上。我也信守诺言，当着她的面把衣服洗干净。

"看不出污渍了吧？"

"真的好干净！"

彼此不由得相视一笑。

自那以后，女儿养成不戴围兜绝不吃饭的习惯，甚至还会主动要求："今天吃咖喱，赶紧把围兜给我！要是弄脏衣服可就麻烦啦……"有时候忘了给她围兜,她也会自己找出来戴上:"不行!我可不想弄脏衣服……"

这便是"支持"的实例。既然有些道理只有在经历之后才能明白,再烦再累也不足为惧。起初或许有些折腾,但是经历过一次之后,孩子便会引以为戒,问题也就迎刃而解。当然,每个孩子个性不同,弄脏衣服却毫不在意的也不在少数。此时,"千万记得戴上围兜"要反复叮嘱才能奏效。所以,父母需要对孩子的性格有所了解。

"可是,这样实在麻烦。反正,孩子有朝一日总会长大、自立,父母在其小时候略施援手有何不可?"

或许有些父母会这么想,心情我也能理解。可是,你总不希望孩子在20多岁甚至30多岁的时候还黏着自己吧?一般来说,孩子只有在婴儿、儿童、少年时代需要父母的照顾。

"你已经10岁了,今后自己的事情自己做。"有些事父母觉得简单,以为孩子也能轻松办到,其实这是强人所难。孩子缺乏经验,又一直活在父母的庇护下,突然没了"帮助",难免心生"被放逐""被抛弃"的感觉。

随着时间的流逝,孩子终究会长大成人。为了孩子将来的自信和自立,父母需要未雨绸缪,予以一定的"支持"。

"孩子还小""平添麻烦"……还请压下这些念头,努力"支持"孩子。只有亲身经历过,孩子才能深刻体会做人做事的道理,所以,要想让孩子真正地独立,父母应学会放手。

父母开心，
孩子才会开心

父母也要活出精彩的人生，这样才能给孩子树立良好的榜样。

从教育的角度来看，"孩子的榜样"是父母可以为子女提供的第一项"支持"。

当孩子感到烦恼时，父母可以首先表示关心："怎么了？"然后，切勿把自己的想法强加给孩子，而是征询孩子的意见，一起思考对策："你会怎么办？"

孩子若能一直得到这样的"支持"，自然也会尊敬父母。

而且，不必围着孩子转，父母享受生活的样子也要让子女看在眼里，时间久了，他们就会想拥有像父母一样的人生。

即便孩子成为生活的重心，也不要失去生活的乐趣。"哎呀，真是疲于奔命……"终日愁眉苦脸、对着另一半抱怨显然不是我们想要的人生。

当然，一时的抱怨和叹气情有可原，但是父母需要及时调整。"开心""漂亮""幸福"等正能量的词语，连同你的笑脸，一定要刻在孩子的心里。

我喜欢学习新事物，每每参加讲座归来，总会乐此不疲地与家人分享："今天我又学到新东西啦！"因此，在女儿的眼中，"学习"是一件乐事。"妈妈要去打拼啦！"每天出门前我都会振臂一呼，给孩子们留下工作很有趣的印象。

我的父母尽管经常拌嘴，平日倒也其乐融融。他们每晚都会小酌几杯，畅谈工作和孩子。每次看他们出游的照片，二人不是挽着胳膊，就是手拉着手。

"我和单亲妈妈有什么区别？……"母亲虽然对父亲埋头工作多有怨言，但也时常对我说："能认识你爸真好，我很幸福……"于是，我也对婚姻充满期待。

今后，养育子女难免会碰到很多困难。然而，既然父母可以享受幸福生活，我对自己的未来也是信心十足。心怀期待本身不也是一件幸福的事吗？

因此，我们自己也务必开心度日，而且一定要让孩子看在眼里、记在心里。

引导孩子自己寻找答案

你是否听说过"引导式对话"？这个理念颇为流行，但是许多人只知皮毛，甚至一无所知。

"引导式对话"理念兴起于美国，被视为培养商务精英的有效方法之一。围绕明确的目标，顾问与客户商讨具体的步骤和办法,这便是"引导式对话"。而且,问答式的讨论堪称"引导式对话"的特色。

值得一提的是,在女儿 2 岁的时候,我开始学习"引导式对话"法,努力提升女儿的沟通能力,而且,为了全面掌握专业的"引导式对话"技巧,我的学习范围并不局限于育儿。从与客户建立信任关系的话术开始,直到实操部分,涵盖"引导式对话"技巧、自我辅导等。

在学习的过程中,我惊讶地发现自己原来早已掌握"引导式对话"之道。随着对课程的深入学习,只觉得我以往的言行熠熠生辉,最终与"引导式对话"的知识体系融为一体。

归根结底,父母(尤其是父亲)对我的培养堪比专业顾问。

发现孩子的做法不符合自己的预期,该怎么办?以前,我的父亲经常会问:"你能告诉爸爸为什么要那么做吗?"

听了我认真又孩子气的回答,父亲不紧不慢地说:"原来如此,我明白你的意思了。这确实也是一个选择,不过,爸爸还知道别的办法,你有兴趣听一听吗?"

我自然应允,讨论就此展开。当然,即便我的想法很幼稚或者有误，父亲也不会直接挑明。

"原来如此，我明白你的意思了。不过，爸爸认为这样不对，你能听我说说吗？"如果是这样的话，孩子就算嘴上答应，心中未必服气。

既然想让孩子听取父母的意见，让孩子乐于接受才是上策。而且，还要让孩子感受到被爱的幸福。

正确的"引导式对话"方法不是直接给出答案，而是以"告诉我为什么要那么做？"的提问切入。"自己找到答案"是"引导式对话"的核心思想。对子女的教育，父母应该**"引导孩子自己找到答案"**。

虽然接触"引导式对话"理念的时间不久，但是"引导式对话"式的沟通于我而言并不陌生，以往基于良好沟通而养成的待人接物之道也通过对"引导式对话"理念的学习而形成知识体系。

而且，商务领域的"引导式对话"理念同样适用于育儿。

在"引导式对话"理念尚未兴起的年代，我有幸遇到堪比专业顾问的父母。从小接触"引导式对话"，我对怎样培养孩子有切身的体会。

从小得到父母关爱,这是我的幸运,对父母的养育之恩我一直感激不尽。我对父母格外尊重,以至于朋友都说我过分依赖父母。

由于彼此交心,面对父母,我素来知无不言,言无不尽。即便被人欺负,或者一时想不明白,我也不会自轻自贱,因为绝不能让至爱的双亲心寒。

我深信,无论发生什么,父母始终会陪在我身边。

综上所述,请你相信"可以引导孩子自己找到答案",交流时不必直接抛出自己的想法。

"你能告诉我为什么要那么做吗?"

提问时面带微笑、语调柔和,也许孩子会给出一个连你自己都没想到的答案。

孩子从父母身上学会沟通

受父母言传身教的影响，我对子女的教育格外留心，在支持孩子、享受生活、爱的表达等方面也是不遗余力。

而且，通过女儿不经意间的行为可以窥见我精心培养的成果。每当我焦虑不安的时候，女儿动人的声音便会传来："我最爱妈妈了！"如果我的嗓门太大，女儿也会提醒说："妈妈，温柔一点嘛！"在她的努力下，我的怒火总会不可思议地消失。

"我最爱妈妈了！"这类爱的语言简直就是我日常行为的翻版，而且我也因此得到治愈。

此外，"妈妈温柔一点嘛"的劝告也比直言"妈妈别生气"效果更佳。一般来说，听到"不要做"，对方多少会有些抵触心理。因此，在日常生活中，我多以肯定句的形式提出要求。例如，我不会说"不要对着那边"，而是明确说："纱纱，脸朝着电视哈。"

"妈妈别生气。"如果孩子这么说，妈妈心中未必接受：

"你说不生气我就不生气了？"如果换个说法，"妈妈温柔一点嘛"，妈妈多少会有所顾忌，不至于动怒。

由此看来，==在交流的过程中，孩子能从父母身上学会沟通技巧==。

反之，不良的沟通习惯也是由父母传给孩子的。

虽然在孩子的眼中我算得上心平气和，但是，面对丈夫我却耐不住性子："都这个年纪了，怎么这样的小事还是做不好？"

有一次，当着孩子的面，我不小心说："孩子他爸，你这样可不行！"

很快，纱纱就对比自己小两岁半的弟弟如法炮制："康康，你这样可不行！"这完全就是我的语气！

看到女儿这样，我心里一紧，继而柔声地对她说："纱纱，提醒的时候可以温柔一些吗？弟弟还小，很多事情还要学。所以，我们可以随便说他不行吗？"

虽然提醒之后有所改观，但是女儿很快故态复萌，又把"康康这样可不行"挂在嘴边。

以此为鉴，面对丈夫，我不得不注意自己的言辞。再遇到类似的情况，我会说："亲爱的，因为……你能……就好啦……"

女儿就是我的镜子，想来也是有趣。相信不少父母也有同感吧。

平心而论，我有时也会觉得这样和丈夫说话太累，但是有女儿的例子在前，不得不勉力为之。拜其所赐，夫妻关系倒也融洽不少。

因此，**父母若能宽以待人，为子女树立良好的榜样，孩子也会积极效仿，以同样的方式对待父母。**

如此一来，父母幸福，孩子开心，堪称完美！

与孩子步调一致

构建信任关系,关键在于"保持同步"。

想要"与对方步调一致",具体应该怎么做?

语速、呼吸,以及喜怒哀乐等情绪……一切皆可同步。重点要在以下几方面保持同步:

遣词用句(书面语、口语等)

语气、语调、节奏、语速

视线（目光是否接触）

表情（开朗、阴沉、欢笑、悲伤）

动作幅度（大或小）

精神面貌（精神饱满、端庄稳重）

呼吸（快或慢）

喜怒哀乐等情绪

若能在这些方面与对方保持同步，建立信任并非难事。与人初次见面却能意气相投，原因多半如此。**步调一致的人天然亲近，容易建立信任关系。**

虽说物以类聚，不过从心理疗法和"引导式对话"的角度来看，为了迅速拉近与客户的距离，建立信任关系，顾问需要刻意与客户同步。

这类同步在日常生活中并不罕见，人人都可借此增进感情，育儿也是如此。**若能与孩子保持同步，彼此的信任也会进一步加深。**

为了与孩子保持"情感同步"，下面这个技巧相信会对你有帮助。

与孩子产生共情

一对母子走在街上,突然孩子停下脚步,两眼放光地指着路边:"妈妈你看,西瓜虫!"那位妈妈本就不感兴趣,何况还怕昆虫,因此只是面无表情地"嗯"了一声。

孩子对妈妈的反应非常不满,眼中的光芒也暗淡下去,话题戛然而止。

此时,即便对这个话题兴趣寥寥,父母也应当与孩子的欣喜和期待之情保持同步。"咦?可找到啦!原来西瓜虫长这样……"面带微笑地回应,表示与孩子同样兴奋即可。

另一方面,当孩子感到悲伤的时候,父母也应感同身受。

例如,蹒跚学步的孩子不慎摔倒,继而大哭起来。"哎呀,我不是说走太快会有危险吗……"看到妈妈并不理解自己,孩子就会哭得更伤心。

"哎呀,摔倒啦?很痛吧?很难受吧?我也吓了一跳……"

发现孩子摔倒，与其提醒对方注意，
不如表达伤心和惊讶。

此时，不妨表现得愁眉苦脸一些。孩子知道妈妈理解他的感受，自然也会心安。

虽说孩子还小，但妈妈只要一把抱住，再加上几句表示共情的话语，孩子就马上又蹦蹦跳跳的，想来也是有趣。

此外，愤怒的情绪也可保持同步。

面对一头撞上桌角、又痛又气的孩子，你可以说："太气人了！来来来，妈妈给你消消气。"

即便这是孩子自己的原因，也要先说一句"太可气了"，然后再委婉地劝说："不过呢，你也有做得不够好的地方，下次注意哦。"

如果孩子太小，还无法完全用语言交流，可以试着把痛苦、悲伤、惊讶等抽象的名词转换成通俗易懂的语句。从中，孩子也能学会如何表达自身的情感。

善于表达情绪对孩子的成长有不可思议的魔力，请务必帮助孩子掌握这项技能。

专题

如何成为妈妈心中的好爸爸

爸爸可以在许多方面为妈妈排忧解难，其中，关键的一条是：聆听妻子的话。

女性通常注重交流，尤其在意能否引起共鸣。无论是关于育儿还是关于日常生活，话题不胜枚举，也渴求另一半的理解。不过，男性大多更在意解决问题，因此少说多做，还以为女性也抱着同样的想法。

在此，我向爸爸们郑重请求："好好听妻子说话。"而且，表示理解即可，不必关注问题是否解决。"嗯嗯。""原来如此。""明白你的意思。"……如果爸爸可以保持这样的态度，身心俱疲的妈妈也能宽心不少。只有妈妈安心，孩子才能幸福。

值得一提的是，不少女性也喜欢聆听。因此，在表达同感之余，爸爸不妨加上自己的"抱怨"。"我们公司也有个怪人。""我也没比你好多少。"……虽然未必能够解决问题，至少妈妈也会感叹一声："这样啊，你也不容易！"女性本身就容易与人产生共鸣，因此，不必在意问题是否解决，只需保持聆听，适时给予反馈即可。

PART 2

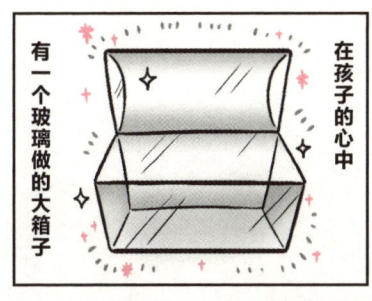

引导孩子开心交流，共享快乐的亲子时光

不要欺骗孩子

你可曾有过这样的经历：心中所想本不愿为他人所知，不料却被对方看得一清二楚？

所谓交流，就是**人与人之间相互表达自己的思想和情感**。

交流的途径主要有：语言、声调、肢体语言。

根据麦拉宾法则[麦拉宾法则：20世纪70年代由心理学家艾伯特·麦拉宾（Albert Mehrabian）提出]，在交流时，我们对一个人的印象，7%来自语言，38%来自声调，55%来自肢体语言。

- **语言：7%**
- **声调：38%**
- **肢体语言：55%**

"你可真了不起！"假如言不由衷，只想"恭维一下"，那么从声调和肢体语言可以窥见端倪。毕竟，语言在沟通中只占7%，剩下93%的部分足以暴露本心。

或许有不少人以为，偶尔对孩子撒谎，孩子也不会察觉。然而，语言方面孩子没有大人擅长，语言在与孩子的交流中占比连7%都不到。**因此孩子对于说谎这件事更加敏感。**

孩子心中怀疑，又不善于用语言表达，结果只是流露出半

真的吗？
（半信半疑）

可是我还要……

到了1岁以后大家都断奶。

只需告知事实即可

已经满1岁啦，可以断奶了呢。

面对孩子，要实话实说。

信半疑又略有不快的神情。父母自以为瞒天过海，直到有一天孩子说出："妈妈（爸爸）总是骗人！"

因此，"欺骗是为孩子好"的想法断不可取。所以面对孩子，更要实话实说。

分享失败经历，孩子更亲近你

真相迟早会大白于天下，所以不如早点直言相告。而且，父母可以主动分享自己的失败经历。

事实上，聆听父母的糗事，子女反而会觉得亲切。

在因为失败而消沉的时候,孩子想起父母的故事,心中也会宽慰不少:"倒霉的不只有我一个,妈妈(爸爸)曾经也是这样……"

面对垂头丧气的女儿,我大多会从自身的失败经历谈起。

在纱纱3岁的时候,某次我们穿越一片空地,需要翻过一个围栏。女儿不小心被围栏绊倒,双膝着地。又痛又气之下,她放声大哭,眼泪不停地往下落。

"好心疼……妈妈知道,纱纱一定很痛……"我赶紧抱住女儿,"其实,妈妈以前也摔过,虽然不是被围栏绊倒……"

女儿立马不哭,而且显得兴致勃勃,这反应倒把我吓了一跳。

"妈妈也摔过?"

"是啊……"

"痛吗?"

"当然!所以妈妈知道纱纱现在有多痛。"

"伤到哪里了?也是膝盖着地吗?"

女儿听得津津有味，先前的痛苦早已不翼而飞。

除此之外，在幼儿园里忘了穿鞋、被老师严厉批评，我的糗事可不少……人生在世总会经历失败，因此，分享自己的失败经历可以帮助孩子懂得失败使人成长的道理。所以，不必担心会在孩子面前颜面扫地。

"妈妈也是从小女孩阶段过来的……""妈妈也有一样的经历……"**分享失败经历是拉近与孩子的距离的有效方式**，请积极尝试。

而且，即便分享的不是失败经历，只要是父母的往事，孩子照样兴趣盎然。

"妈妈小时候也喜欢玩，可有意思啦！"一起玩吹泡泡的时候，听到我这么说，女儿顿时来了精神："妈妈也喜欢呀！""你在哪里玩的？"……

早上睡过头的窘状、第一次去海边游泳的经历……虽然都是微不足道的日常琐事，但孩子就是爱听。所以，记得打开记忆的匣子，从回忆往事切入，和孩子展开交流。

其实，我自己何尝不是如此。直到升入大学，我依然喜欢听父母讲他们年轻时的故事。

原本觉得自己和父母是两代人，但是聆听他们的故事，尤其是在我这个年纪时他们的经历，感觉他们就是我的榜样。

因此，不仅是孩提时代，即便孩子长大，父母依然可以结合年龄找出对应的故事。相信子女也会听得津津有味。

父母应以"支持"的方式引导孩子。所以，与子女分享父母同年龄段的经历也是一种"支持"："妈妈（爸爸）当年的想法和做法可以做参考。"

那些"光辉岁月"很快就会听腻，失败经历、冒险故事等倒是可以和孩子多多交流。

教你学会"婴儿手语"

在你看来,与孩子的语言或情感交流始于何时?

"情感姑且不论,语言的话怎么说都得1岁以后吧?"相信抱有此类想法的父母不在少数。

其实,==孩子在出生后1个月便能听懂父母说的话并能予以回应!==

你是否听说过"**婴儿手语**"？

在婴儿还无法用语言表达时，父母可以通过简单的手语与他们沟通。

到了周岁左右，虽然嘴巴还是习惯吃奶，但是婴儿的四肢已经发达许多，可以通过手语交流。

我在女儿6个月大的时候开始学习手语，到了纱纱满周岁时，我顺利取得了NPO法人生活支援网站的认定讲师资格。之后，康康在姐姐两岁半时出生。

面对两个孩子，我每天忙得不可开交。直到康康满月后的某一天，我突然意识到："对呀，我可以当孩子的手语老师。虽然耽误了一个月，但是为时不晚。"

于是，我对着孩子比画起来，就从"吃奶"和"抱"教起。

"吃奶"就是比画着"拳头"在嘴边敲两下。其实，标准的手语应该敲在妈妈的胸口。但是，这对翻身都难的婴儿来说未免强人所难，所以我做了改进。（无论是标准手语还是原创皆可。）

"婴儿手语"不难掌握，只需示范即可。"吃奶啦！"经过两周的反复引导，产后一个半月的儿子竟然开始比画起来！

到2个月大的时候再问他"要吃吗？"康康可以做出"Yes"的手势表示肯定。如果吃奶后嗝打不出来，儿子会用手握拳在胸口转圈，以此表示"难受"。

到两岁半的时候，每当被喜欢的婴儿背带兜住，康康还会比画出"婴儿背带"。为了方便儿子理解，这个手势由我自创。

此外，令我意想不到的是，康康还有洁癖。只要稍微觉得不舒服，他就会用手势提醒我"换（尿布）"。

因此，虽然康康还不能撑起脑袋，也无法用语言表达，但是我们之间已经可以进行简单的交流。或许是因为这个原因，我惊喜地发现：儿子总是心情不错，很少号啕大哭。

总之，饿的时候喊一声"啊——"，比画一下"吃奶"，康康很快就能吃上。需要换尿布的时候则是"啊——"+"换"的手势，需要拍嗝就是"啊——"+"难受"的手势。我会马上明白他的意思，及时解决问题。

既然能准确传达自己的诉求，也得到了回应，自然就没有哭的必要。

对新生儿来说，表达自身想法并获得对方的理解至关重要。

越小的孩子越不善于表达，努力许久，父母还是不理解，孩子难免闷闷不乐。

对于牙牙学语、词汇量少、语言表达能力还很弱的两三岁孩子来说，这样的情形尤为多见。没错，孩子两三岁的阶段是不少父母的难关。

不过，善于用手语交流的孩子就不存在这样的问题，至少在我们家不存在。当然，如果父母的回应不如预期，康康偶尔也会生闷气。但是，我们家从来没有因为沟通不畅而产生摩擦。

既然彼此之间没有隔阂，育儿也就轻松许多。孩子闹情绪是很正常的，但这对孩子和大人都是考验。父母若能帮助孩子处理好情绪，那真是两全其美。

我对婴儿手语推崇备至。不过，即便你没有接受过相关培训，也完全可以有意识地让沟通变得更为顺畅。

"孩子似乎不明白我的意思……"无论面对月龄多低的孩子，父母切勿丧失信心。其实，出生不过数月的婴儿已经展现出足以令人惊叹的理解能力。

与孩子展开双向交流的秘诀

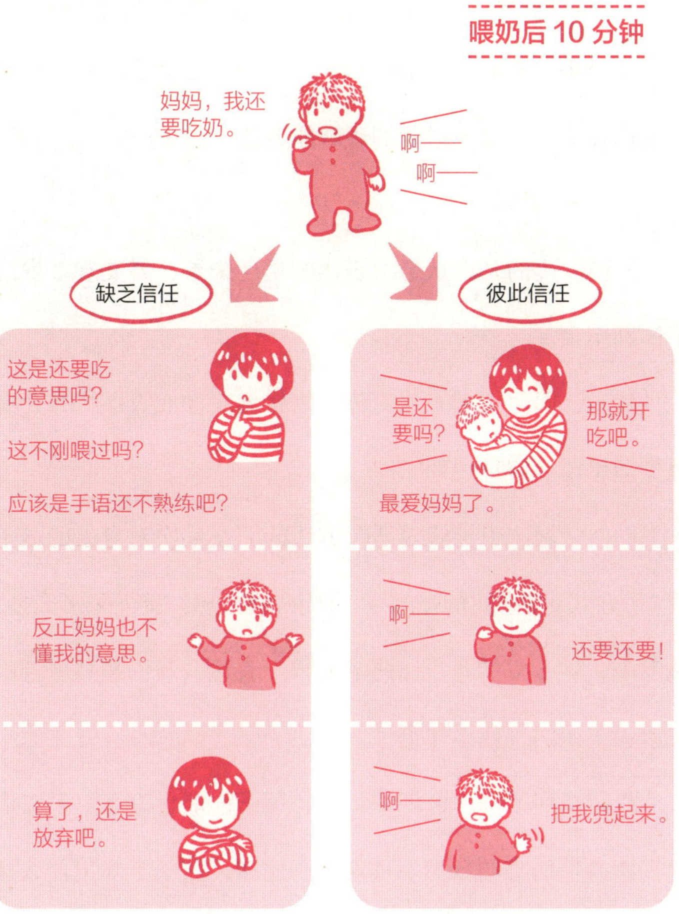

喂奶后10分钟

妈妈,我还要吃奶。

啊——
啊——

缺乏信任

这是还要吃的意思吗?

这不刚喂过吗?

应该是手语还不熟练吧?

反正妈妈也不懂我的意思。

算了,还是放弃吧。

意思无法传达,孩子就此作罢。

彼此信任

是还要吗?

那就开吃吧。

最爱妈妈了。

啊——

还要还要!

啊——

把我兜起来。

意思准确传达,交流的意愿也更强。

虽然出生只有数月，但是孩子在娘胎里已经长期"旁听"母亲与他人的对话。

虽然出生不久，但是<mark>孩子的见识远比我们想象的丰富</mark>。因此，父母需要抱有这样的意识："孩子那么努力，是在试图向我表达什么吧？只不过我的理解能力还不足……"

值得一提的是，从努力表达的角度来看，婴儿和2岁的孩子区别不大。

其实，即便到了6岁，孩子依然无法像成人那样井井有条地梳理思绪、解释说明。

一位学习"引导式对话"方法的朋友某次对自己的孩子展开"引导式对话"式的提问："为什么这么想？接下来怎么办？"说起来，她6岁的儿子比同龄人善于表达，却仍是愁眉苦脸地表示："妈妈，我不知道该怎么说。"

即便是到了口齿伶俐的年龄，孩子词汇量匮乏、不知道如何表达心情的难题依然不可避免。比如，孩子不知用什么样的语言来表达"伤自尊"，等等。

不过，在孩子掌握类似的语句之前，面对他们努力却不得要领的样子，父母应当及时加以反馈："我明白你的心情啦，是伤到自尊了吧？"

如此一来，下次遇到类似的情况，孩子就知道该怎么表达。

如果你实在猜不透孩子的意思，至少可以表示："虽然不能完全体会你的心情，但是我知道你一定很难受。可以的话，我想多了解你一些……"

==知道父母试图了解自己，单凭这点，孩子就能轻松不少。==这也是加深亲子关系的秘诀。

最后，还请爸爸妈妈们牢记一点：在使用婴儿手语的起步阶段，个体差异在所难免。有些宝宝立马就能学会，而有些宝宝则要花数月时间。

因此，不必在孩子还未满月时匆匆引入婴儿手语，安心静待孩子最初的信号吧。

孩子无理取闹，父母怎么办？

我在本书会分享很多育儿心得，其中最希望爸爸妈妈们记住的是：**越想改变孩子，孩子就越难改变。**

不仅对孩子如此，对他人也是一样。越是努力改变对方，阻力越大。"我怎么可能改得了？"同时，自己也伤痕累累。

如果换个角度，从与对方毫无关联的事物着手改变，想必不会招致反感吧？那么，首先可以改变什么呢？

以带着孩子去超市购物为例。由于晚饭还没准备,所以打算速战速决。同时,因为以往架不住孩子的软磨硬泡而买了不少计划外的物品,所以这次打定主意决不妥协。

但就在这时,孩子突然抓起糖果盒,一把递到面前:"妈妈,买这个!"

"说什么呢?之前不是买了一大堆吗?"

"我不,我不,我不嘛!要买,要买,就要买!"

"说不行就不行!别闹,像什么样子!"

"买嘛,买嘛,我就要买嘛!"

孩子不依不饶,死死抱住糖果盒不放,妈妈也是无可奈何。无论是严厉训斥"你别太过分了",还是柔声细语地宽慰"下次给你买",孩子就是软硬不吃:"我就要今天买!买嘛,买嘛,我就要买嘛!"

"下不为例!"这场闹剧最后以妈妈愤愤地将糖果盒扔进购物车告终,但是同样的事之后还是一遍又一遍地上演。

这样的经历是否似曾相识?相信不少家长都会有共鸣。

在女儿2岁左右的时候，只要去一元店，丈夫总会带上女儿买些小玩具或者文具回来。出于宠爱，丈夫往往对女儿言听计从，甚至还会主动问道："纱纱，想买点什么呢？"

终于，有一次我忍不住提醒他："也不用每次都买东西吧？对孩子的教育不好。"

丈夫一脸困惑："我也说过不行，但完全没用啊！"

"嘴上那么说，实际还是照办，那当然没用了。"

"可是，如果不答应，孩子闹个不停。"

"是吗？和我去买东西时她绝不会这样。"

"啊？不是吧？她太能折腾了！"

夫妻俩不由相视一笑。没错，2岁大的女儿已经学会**区别对待爸爸和妈妈。**

无论你是否相信，孩子其实可机灵呢。哪怕只有一两岁，他们就知道面对不同的人做出不同的反应。

女儿从来不在我面前无理取闹，但是和爸爸一起就嚷嚷着买这买那。而且，每次都要闹到在店里打滚的地步。总之，不达目的决不罢休。

为什么反差如此巨大,答案一目了然:女儿深知闹得越大,就越有可能达到目的。只要任性妄为,扯着嗓子喊上几分钟"买嘛买嘛",想要的东西就一定能到手。因此,在女儿看来,对着爸爸不吵不闹才吃亏。

即便在成年人的世界里,"无理取闹"也未必不可行。

不过,纱纱在我面前从不这样,也几乎没有临时起意,要求买这买那的行为。

女儿深知,就算大闹一场,我也不会妥协,她只能是白费力气。

其实天下的孩子都一样,最初总要闹上一两回,我家孩子也不例外。但是,如果父母态度坚决,孩子明白再怎么折腾也无济于事,自然不会做无用功。

父母越是大声疾呼"不行!""停下!"孩子越会不依不饶。既然如此,父母不如把"再怎么闹也不买"的姿态贯彻到底。

总之,孩子的言行、想法不会轻易被父母的言语改变。但是,==只要父母的方法略有改变,改变孩子其实也没那么难。==

为了避免孩子无理取闹,父母首先要态度坚决:"无论怎

无理取闹

"今天不买别的哦。"

心声：和爸爸闹一闹就能买啦。

心声：和妈妈怎么说都不会买。

面对爸爸

爸爸买这个！
买嘛买嘛！
可我就要嘛！

真是拿你没办法！
哇！谢谢啦！

你不是自己说想买的吗？

但是很快就玩腻了，又拿起平时的玩具。

面对妈妈

今天不买别的哦。
好的，知道啦。

而且还会变成这个样子！

就这个吧！
看起来不错。
挑个萝卜吧。

得意

妈妈，你看！今天的萝卜是纱纱挑的。

很高兴能帮上妈妈的忙，幸福感满满。

样，说不买就不买！"不过，这只是第一步。

孩子没了探索的动力（可以买喜欢的玩具、糖果等），再跟着父母购物，没几分钟就兴致全无："差不多该回去了吧？""还没好吗？""我累了。"……

此时，父母务必"请求"孩子："帮我挑选今天要买的东西（蔬菜等）吧。"例如，"挑个看起来最好吃的萝卜吧。"

而且，尽量认可孩子的选择，并且由衷地表示感谢："太谢谢啦，你帮了妈妈的大忙呢！""这个萝卜一定很好吃，太谢谢啦！"……

如此一来，孩子非但不再盯着玩具和糖果，还会养成乐于助人的好习惯。何况，亲手挑选的食材吃起来也更香。

在"说不行就不行"之后，请家长们也务必尝试一下这个办法。

孩子需要赞美

在每个孩子的心中，都有一个玻璃做的大宝箱，里面装着自小以来听到的话和经历等，从箱子外面看一目了然。

宝箱起初晶莹透亮，但随着孩子的成长而沾染各种颜色，变得无法看清里面的"东西"。

没错,==这个宝箱的名字就叫"潜意识"==。

众所周知,人的意识可以分为潜意识和表意识,占比分别为 90% 和 10%。其中,表意识表现为语言和思想。

潜意识由自律神经控制,是以往经历和当时感受的积累。可以说,潜意识才是"本心"的反映。

从小开始,孩子就往名为"潜意识"的宝箱里装入各种经历和感受,例如被母亲夸奖的喜悦、被朋友殴打的悔恨等。

在这个装填的过程中,潜意识不会从理性的角度分析。于是,"是我不好"之类的信息也被装入其中,包括责任并不在自己的被冤枉、他人的吹毛求疵。

伴随着这些好事坏事、正负能量的积累,孩子的性格(自我)逐渐形成。

因此,务必确保让孩子在赞美的海洋中成长:"你真的很优秀。""可喜欢你了。""一直很感谢你。"……

潜意识里这类赞美储存得越多,孩子越开朗、自信、自爱,也更容易认可自己。

名为潜意识的宝箱

谢谢!

就喜欢你现在的样子。

你总是很努力。

太棒啦!
太棒啦!

我很幸运能当你的妈妈。

一点一点装入赞美

多说肯定句，开心每一天

"肯定句"和"否定句"互为对立面。二者顾名思义，不难理解。

"不准吵架！"

"店内禁止喧哗！"

"不要松开拉着妈妈的手!"

这些都是否定句,表示对孩子的行为不认可。孩子被人否定,心中必定大为不满。

不妨回忆一下自己还是孩子的时候,如果被父母这么说,你会怎么想?愤懑、伤心等情绪都在情理之中。

在育儿的过程中,否定句较为多见。在父母的潜意识里,如果没有严加管教,孩子不知道会惹出多少事来。

但是,无论是谁,遭人否定的第一反应就是下意识地反抗。

孩子小时候或许出于畏惧还能听从,但是越大越难沟通:"老妈总是这样!""又来这一套!""听听就算了吧。"……

喜欢说否定句造成的最大的问题在于,说得越多,孩子就越难自我认可。

虽然父母是出于好意,但孩子未必接受:"反正我什么都做不好。""妈妈讨厌我。""不管我做什么都会被否定。"……

孩子的茁壮成长,**自我认可至关重要**。自我认可就是自我肯定,感觉自己"被爱""被重视""被需要"……

毫不为过地说，这些感受都是孩子成长的基石。那么，怎样才能让孩子更加认可自己呢？

正如前文所说，孩子的心中有个玻璃做的宝箱，里面装着自小以来听到的话和经历等，由此构成孩子的"自我"意识。

因此，最简单的办法就是**对孩子多加肯定，让宝箱满载积极的话语和成功的经历。**

"你对我很重要。""我离不开你。"……让孩子感受到自己的"重要"和"被需要"，继而引导孩子自我认可："我可了不起呢！""我是好孩子。"……

反之，假如宝箱里装的是被否定的话语和失败的经历，孩子就会越来越难认可自己："我真没用！"

自我认可度高、自信的孩子在包容、被爱护、被家长肯定的环境中成长，也能心怀宽容、关爱他人，**具备强大的生存能力。**

因此，父母务必多肯定子女，培养具有旺盛生命力的孩子。

回到本节开头的否定句，父母如果换个说法，孩子听到后的感觉也会大不一样。

① "不准吵架！"→"一起好好玩哦！"

② "店内禁止喧哗！"→"在店里请保持安静哦！"

③ "不要松开拉着妈妈的手！"→"拉着妈妈的手一起走哦！"

不要以"不要""禁止"否定孩子，而是提出"这个时候该怎么做"的建议。

而且，可以加上"因为""所以"等词以说明理由，这样孩子会更加信服。例如，②和③可以这么说：

② "其他顾客没法安心购物了，所以在店里请保持安静哦！"

③ "因为有点危险，所以拉着妈妈的手一起走哦！"

如果找不出合适的理由，①保持原样即可。

在进行"不能偷东西"等品德教育的时候，不必给出解释。面对成人也是同理，如果是众所周知的道理，用不着像对婴儿那般谆谆教导。

"哎呀，你又洒了一地！"

面对失败，孩子内心已经懊悔不已，此时更应保持镇定，不应责怪孩子。

这样的句子也要格外留意。虽然没有否定词,但否定的意思显而易见。所以,不用否定句并不代表言下之意没有否定,父母应当尽力避免这类表述。

如果改成"哎呀,洒了吗?"孩子的感受又会不同。

父母切勿责问孩子,而应以镇定的语气确认事实,这样孩子也能冷静面对。

而且,为了让孩子今后有所改进,父母可以适当加上提醒:"下次注意哦。""为什么会洒呢?""如果放里面一点就不会洒啦。"……

专题

孩子的记忆力和思考能力

你最早的记忆是在什么时候？我的最早记忆大概是在一岁零两个月的时候。某天，蹒跚学步的我小心翼翼地爬着公寓的楼梯，这时，母亲突然叫住我："等一下，妈妈给你拍张照。茄子——"

当天在小区里玩，又听见大人突然喊道："来拍照吧，大家站一排。"于是，又拍了一张。这两张照片至今仍在我的相册内，它们是我最初记忆的见证。

在青少年时代，记事比朋友早始终令我引以为豪。但是，牛娃之后，想法有所改变。我深切体会到，别看孩子还小，记住的事情可不少。虽然我最早的记忆是在一岁零两个月的时候，但是带娃以来的所见所闻让我觉得，孩子其实记事更早。意识到自身的言行可能被孩子记住，我不由反省自己。那些脏话、不愿被孩子效仿的坏习惯……需要回避的事情可不少，面对孩子尤其需要注意！

如今，我的女儿4岁，儿子一岁半，今后的记性只会越来越好。为了避免将来纠正子女的错误，我要努力做个优秀的妈妈！

PART 3

用笑容引导孩子形成开朗的性格

接受孩子的不完美

本章重点讲述人们在看法、感受等方面的差异。

了解差异，承认个性，是为了"接受现实"。

只有接受现实，才能激发无穷的力量。若问为什么，不妨想一想不接受现实的后果。

因为难以接受现实，所以认为"现在的自己不行"。哪怕只是部分行为或习惯遭到否定，也要上升到对整个人的评价。

而且，"自己不行"这样的负面信息也会被塞入"宝箱"。随着难以接受的事实越来越多，孩子逐渐看轻自己，越来越无法自我认可，也越来越不自信。

因此，多给孩子的"宝箱"注入正能量吧："妈妈就喜欢你现在这个样子哦！"

"可是，总有难以接受的部分，我实在没法开口……"

此时，不妨换个说法："虽然问题不少，但我还是喜欢你现在这个样子哦！"

怎么样？这样说是不是就容易一点？

哪怕隐瞒部分心声，说总比不说好上百倍。因此，请大声地对孩子说出来吧。

不管是谁，内心总是希望得到他人的肯定和理解。

孩子无论是调皮、内向、窝里横，还是胆小、顽固、好动，都是个性使然，本身无所谓好坏。

所以，父母暂且按下改变孩子的冲动，首先接受现实："你这样就很好！"然后，再补充一句："我希望了解你的想法。"

父母若能这样说，孩子的内心也会感到温暖。这也是父母可以给予子女的最好礼物。

不要把自己的想法
强加给孩子

每个人都穿着颜色、形状、材质、厚度各异的"宇航服"生活。

当然，我所说的"宇航服"并不是真正穿在身上的衣服，而是心理上的衣服。你是否听说过人人都戴着不同颜色和形状的"滤镜"？两者意思是一样的。

在穿上"宇航服"之后，通过滤镜看到的白猫也被染上其他颜色。耳机里传来的声音都经过处理，已经不是本来的音色。由于双手戴着厚厚的手套，无论是抓起尖锐的岩石，还是抱起温柔的小猫，在手感上并无多大区别。

通过滤镜，"宇航员"看到的人有的呈黑色，有的则呈橙色。耳机里传来的声音大多为重低音，也有部分是清脆的爆破音。手套的款式从薄到厚应有尽有。

此外，坚固的"宇航服"还不能脱，否则，就会因为缺氧而有生命危险。

没错，"宇航服"就是各人的"想法""信念""经验"。

面对埋头苦干、不苟言笑的同事，有些人为其努力的态度所折服，有些人则不以为然："轻松点不好吗？"看到生的牡蛎，有些人垂涎欲滴，有些人则唯恐避之不及。听到古典音乐，有些人沉醉其中，有些人则立马睡着。

父母平常穿着自己的"宇航服"育儿，无论家长还是孩子都颇有压力。因为，孩子的"宇航服"，即想法和信念等和父母的不一样。

以"冬天必须穿袜子"为例,孩子认为:"既然夏天可以不穿,冬天为什么就不能赤脚?"

即便父母坚称"太冷不能不穿",孩子还是东躲西藏,连连喊着"用不着"。结果,父母费了好大的力气才让孩子穿上袜子。

不过,换个角度来看,孩子的能量本就比父母强,新陈代谢也更旺盛。要求穿袜子是担心孩子感冒流涕,然而,如果孩子能精神满满,光着脚丫也未尝不可。

"算啦,不穿也行。"放下"冬天必须穿袜子"的执念,父母和子女都能轻松许多。

当然,如果孩子本身认同"冬天必须穿袜子",就会满足父母的要求。如果双方抱有相同的价值观,那就不会有摩擦和冲突。不过,即便父母和子女具有共识,也不代表其他家庭的育儿理念也是如此。

冬天看到别人家的孩子光着脚丫奔跑,也许你会心疼:"啊,看起来好冷的样子。至少穿上袜子吧……"此时,**不妨脱下"宇航服",看一看外面的世界**:"也许他人的想法和自

脱下"宇航服"

一目了然

妈妈——

脱下"宇航服"

看清孩子本来的样子，
接受现实。

己的不一样。"喜欢冬天赤脚、重视足底力量的锻炼，抱有此类心态的人也不在少数。

脱下"宇航服"就是**"摘下心理上的滤镜"**，从育儿的角度来说这点至关重要。

"必须""不可以"，这样的束缚容易让孩子定型。

听到这些话语，你是否也会郁闷或焦虑？人总有逆反心理，越是被要求怎么做，就越想反着来。

父母和子女也存在心理上的"滤镜"。父母常基于自己的想法、经验等要求孩子"必须这么做"，把自己的想法强加于人。

在孩子看来，"必须这么做"的言下之意就是"现在的做法不对"。在日常生活中，如果"不行""给我好好弄"之类的否定句不绝于耳，孩子的自信心就会倍受打击，这点需要引起父母重视。

许多人并没有意识到"滤镜"的存在，而且还以为别人看待世界的角度和自己一样。所以，还请牢记：**人们对人和事的看法很多时候都是不相同的。**

而且，你还可以摘下"滤镜"，认真观察孩子本来的样子。

或许，你还会感叹前后简直判若两人吧。

"那么，怎样才能摘下'滤镜'呢？"

不必想得过于复杂，只需在观念发生冲突时想一想："孩子为什么这么做？"

问："明明那么冷，为什么孩子就是不穿袜子？"

答1："也许没那么冷。"

答2："也许是穿着袜子感觉不舒服。"

答3："走路还不稳，担心穿了容易滑倒。"

答4："也许是不喜欢袜子的款式。"

在充分展开联想之后，答案水落石出。而且，可以的话，请父母尊重孩子的想法。

当然，在现实中，父母往往难以做到。

想象一下在大雪纷飞的寒冬时节，看到感冒还流着鼻涕的孩子连长裤都没穿，而且还光着脚丫到处乱跑，父母多半都会着急："这样可不行啊！"

但是，开口的时候，请父母先说"我很理解你的心情"，然后补充道："但是，你还感冒着呢，所以要注意保暖呀！"

首先拉近和孩子的距离，让对方感觉到"爸妈懂我"。

"凭什么？为什么我要这样迁就孩子？"

或许会有人这么问，其实这不只是照顾孩子的感受。父母一旦气昏了头，或者把自己的想法强加给孩子，结果只会招致激烈的反抗，弄得彼此都不愉快。

此时切忌横加干预，而是以退为进，主动摘下"滤镜"：

也许我和孩子的想法不一样？

"可是怎样都摘不下来……"

没错，刚开始的时候，摘下"滤镜"未必容易。而且，很多人并不清楚自己戴着怎样的滤镜。

因此，首先不妨端正认识："想法和感受与自己完全一致的人并不存在。"

有些人走进房间觉得冷，便会很自然地以为他人也一样。可是事实未必如此，我和丈夫就常常因为空调的温度而产生分歧。

一般来说，男性怕热，女性怕冷，孩子比成人更不耐热。

"我的孩子当然和我想的一样""兄弟理应感同身受"……这样的话语耳熟能详，还请父母打破固有观念，认识到"孩子的想法和感受与父母完全不同""兄弟的性格迥异"……

不必纠结"为什么不同"，而是承认"本来就不一样"。

如此一来，父母即便不能摘下"滤镜"，至少也可以心平气和地面对，双方不至于因为分歧而焦虑不安。

V、A、K三种感觉，你了解吗？

人的感觉主要有视觉、听觉、触觉、味觉和嗅觉五种（又称"五感"）。而且，正如人有左撇子和右撇子之分，"五感"之中人必有一项最为擅长。

有些人听过就忘，需要看过才能记牢。有些人对看过的事

V
对看到的事物印象深刻，一旦对方改变服装、发型，可以马上发现。

A
对声调敏感，以此揣摩对方的心理。

K
习惯通过身体接触，来了解对方的想法。

**最擅长的感觉存在差异，
表现竟然如此不同！**

物总是记不住，却可以调动其他感官加深记忆。

"无论看、听还是调动其他感官，我依然记不住。"或许会有人这样感叹。但是，即便如此，总有一个是你**"最擅长的感觉"**。

神经语言程序学（Neuro – Linguistic Programming，简称NLP）把五感分为三类，对"最擅长的感觉"做了说明。

① V类（Visual，视觉）——看

② A类（Auditory，听觉）——听

③ K类（Kinesthetic，动觉），包括触觉、嗅觉、味觉。

三类感觉哪一种最擅长？受此影响，人们在思考、表达、学习等方面会表现截然不同。

了解三者的差异，然后，面对不同的对象，沟通也会更顺畅。每一类人都有自己喜欢的语句以及擅长的学习方法，若能配合"最擅长的感觉"，会更容易与对方建立信任关系。

首先需要了解自己最擅长的感觉，而且，测试方法并不复杂。

试着回忆孩子刚出生时的情景，你会想到些什么？

① 眼前浮现出婴儿笑和哭的样子；

② 耳边回响起婴儿的笑声、哭声，尤其是第一声哭；

③ 婴儿身上的香味和拥抱时的柔软，贴着婴儿脸颊时的感觉。

三者之中，印象最深的记忆来自你最擅长的感觉。具体表现如下：

V 类（Visual，视觉）

这一类人会在脑海中浮现各种画面，绘声绘色地向对方描述："新生儿看起来真的好小哦，没想到如今都长这么大了……"

"看起来""看不清""明亮/昏暗""色彩"等视觉系的词句频频出现。而且，在发挥想象的时候，视线习惯望向上方。

他们面对"看到什么"之类的问题反应迅速，重视"图解"等调动视觉的学习方法。

在挑选衣服的时候，他们当然会把漂亮放在第一位啦！

A 类（Auditory，听觉）

这一类人喜欢抑扬顿挫地说话，习惯运用"听起来""吵/安静""这么说更能接受"等听觉系语句。

在展开联想的时候，他们会下意识地往两边看。

他们更善于回答"听到什么"的问题，学习时更喜欢听歌。

在挑选衣服的时候，如果摸起来会发出奇怪的声音，他们显然不会考虑购买。

K 类（Kinesthetic，动觉）

这一类人的肢体语言较为丰富，习惯运用"感觉""感觉不到""温暖/冷"等词语。

在思考的时候，他们会不自觉地朝下看。

他们擅长描述自身的"感受"，学习时也会积极行动，例如勤写多练。

在挑选衣服的时候，舒服才是重中之重！

你是否能找出自己的类型？当然，对人的划分没有那么简单，只不过必定会归于这三类倾向之一。

V类型的人偶尔也会有K类型的举动,但问题的关键不在于此,而是这三种类型特点鲜明。

具有血缘关系的父母和子女未必就是同一类人,兄弟、夫妻也是同理。当然,同类之间容易意气相投,不少夫妻因此结为连理。而且,如果夫妻对路,培育的子女也极有可能是一类人。

不过,以我们家为例,我和母亲是A类,丈夫是典型的V类,过世的父亲多半是K类。4岁的女儿和一岁半的儿子还在成长,类型尚不明朗,但是总觉得女儿和我不是一类。

由此可见,**一家人类型有别不足为奇**。话虽如此,因为类型各异,所以无谓的争吵为数不少。

在了解这些类型之前,我经常对V类型的丈夫大发雷霆:"说了多少遍了?为什么就是记不住!"丈夫也不甘示弱:"你什么都不看的吗?"

当时还没有意识到各自最擅长的感觉是什么,以为"所见所闻所想都是一样的"。

即便在开车的时候,习惯视觉记忆的丈夫也会对途中的风景过目不忘:"那幢楼不见了。""哎呀,那家店倒闭了吗?"……

然而，以听觉为先的我对这类话题并不敏感。别说曾经位于街角的书店消失不见，就是刚才经过的街道我都不记得有怎样的风景。

而且，"记得……"是我的口头禅，但丈夫常常忘记，为此没少发生口角："我不是说过的嘛？！""你彻底忘了啊？！"……

我对听闻的事物印象深刻，丈夫虽然有过目不忘的才能，但听过就忘也是他的一大特色。

既然了解对方最擅长的感觉，自然也明白不能轻易改变。

"那里变成停车场了，之前是什么来着？"如今再听丈夫这么说，我就会实言相告："抱歉，完全不记得了。你对看过的事物记忆犹新，但我已经忘得一干二净。"

需要丈夫做某事的时候，我会以纸条或邮件的形式告知。而且，文字言简意赅，多为1、2、3、4地逐条书写（逐条书写对男士普遍有效，并不局限于V类型）。既然以视觉为先，一目了然也有助于加深记忆。

如此一来，我也如释重负。最近，每当我提出要求，丈夫都会说"发邮件给我吧"。身处同一屋檐之下,不必再为某一句话是否说过而争执不下,彼此的压力都缓解许多。

待孩子年纪稍长,父母就要仔细分析子女的类型。交代某事、解释说明、学习方法等务必结合对方的类型采取行之有效的措施。

即便不能洞察孩子的类型,**对于学习来说,V、A、K三种感觉并用的方法总是有效。**

男孩女孩的本质区别是什么？

在育儿的过程中，你是否和我一样发现了男孩女孩的性别差异呢？

- **男孩活泼好动，对冒险并不紧张**
- **女孩文静，喜欢待在室内**

○ **男孩对交通工具类的玩具（汽车、火车、飞机等）格外喜欢**

当然，独生子女和二孩家庭有所区别，二孩家庭还可以分出兄弟、姐妹、兄妹、姐弟的组合。

而且，与男女无关，一般来说老二比老大活泼。

事实上，男孩女孩的大脑回路截然不同。

面对长女，我从来不紧张。因为自身也是女性，总觉得，即便个性不同，同性之间的分歧不会如异性之间那么大。

但是，在儿子出生之后，我就没有那样的自信："男生的想法我怎么可能会懂！"于是，我展开研究，或是向经验丰富的妈妈们请教，或是博览群书，了解男女生脑回路的区别。

为什么男孩的嗓门大？

从新生儿阶段开始，男士和女士对声音的承受能力就明显不同。直到长大成人，这一点也没有改变。

回想自己的学生时代，是否女老师的音量恰到好处而男老师的声音异常刺耳？而且，男学生总是喜欢"喧哗"。

这是因为男性的听力略逊，自己觉得正好的音量对女性来说则太大。

如果你的孩子是女孩，你是否注意到她的听力比她爸爸还好？"爸爸太吵了！"这未必是情绪的宣泄，而是事实的确如此。

既然女儿这么说，即便爸爸的本意不是如此，妈妈也可以稍做解释，然后提醒道："说话轻一点……"

另一方面，你的孩子如果是男孩，你又会担心他的听力还不如自己。许多话未必是儿子没听进去，而是确实没听到。

所以，妈妈稍微提高一些音调也无妨。毕竟，让儿子听清楚最为重要。

难道没听到?
我再大点声。

康——康!

喊我吗?

男孩子可能只是没听到。

男孩是行动派，女孩是谨慎派？

一般来说，男孩比女孩更活泼、更敢于冒险吧？因为，男孩容易高估自己的能力："这点小事我肯定能做到！"

或许是因为在家中排行第二的原因，我的儿子从小调皮好动。1岁大的时候，他就爬上室内攀爬架3层（约90厘米高）的最高处，然后双手脱开，一副得意的样子。我心中焦虑，担心孩子摔下来受伤。何况，攀爬架顶端也就几厘米宽，站着也不稳当。

不过，就算我声色俱厉地提醒"危险""容易摔下来"，儿子也听不进去。

相比之下，女儿就格外谨慎，这也许和她是长女不无关系。至少，她从小就没有那些莫名的自信。

年纪尚小的时候倒也罢了，到了小学阶段，男生如果依然脱离常识，就会惹出不少麻烦。因此，只要是背离常识的盲目自信，父母理应提醒，避免孩子遭受重创。

　　与之相反，同年龄段的女生容易看轻自己，明明可以做到的事也误以为无能为力。女生鲜有冲动冒进的时候，所以，只要在家长看来值得一试，父母应当不吝鼓励："你完全可以！"

爱好因性别不同？

男孩女孩对玩具和颜色的喜好也明显有别。据说有人做过实验，给刚出生的婴儿分别展示女性的笑脸和从天而降、会动的雕像。结果，男婴普遍对雕像感兴趣，而女婴更喜欢女性的笑脸。

从眼睛的构造来说，男性的视网膜比女性厚许多。

神经节细胞是视网膜的重要构成部分。基于两性生理结构的差别，男性的眼睛有较多的 M 细胞（大细胞），而女性的眼睛则有较多的 P 细胞（小细胞）。因此，视网膜的厚度迥然不同。而且，M 细胞、P 细胞会影响感光细胞，造成视觉的差异。M 细胞主要感知动态信息，影响杆状体。（感知黑白，对色彩不敏感。）P 细胞主要接收质感和色彩的信息，影响垂状体。（对色彩有反应。）

由于生理差异，男性和女性的行为方式与兴趣爱好也存在区别。

M 细胞多的男性

喜欢汽车、飞机、火车等会动的事物。

绘画时不喜欢勾勒静物,而是捕捉动态场景(如移动的交通工具等)。

爱用黑、灰、银、蓝等冷色调。

P 细胞多的女性

喜欢富含质感的布娃娃等。

绘画时擅长人物、花草等静物。

笔下色彩丰富(尤爱粉、红等暖色调)。

这些只是性别统计的主要倾向。当然,男性也有喜欢红色的(例如我丈夫),喜欢交通工具的女性也不在少数。

因此,孩子的品位与父母不同不足为奇。父母理应理解,自己喜欢的未必孩子也喜欢。

M 细胞
男性

P 细胞
女性

男性和女性的生理差异导致爱好的不同。
除此之外，个体差异也会影响爱好。

性别差异除了和与生俱来的生理差异有关，**个体迥异导致的差别也不在少数。**

而且，关于这些性别差异，我们切勿戴上唯性别论的有色眼镜，自以为是地认为"男性肯定会……""女性就应该……"。

"速度型"孩子和"慢热型"孩子的区别是什么?

每个人都有与生俱来的节奏感。有些人吃饭颇为匆忙,尽管时间很宽裕;有些人吃饭总是不紧不慢,即便时间所剩无几。有些人哪怕没有急事也是脚步匆匆;有些人再怎么紧张也不愿加快脚步,只为欣赏沿途的风景。

或是反应和行动迅速，总是火急火燎的模样；或是反应和行动有条不紊，无论何时都是气定神闲。你属于哪一类呢？

当然，也许有人自认为介于两者之间，但还是请你在"速度型"和"慢热型"中选定一个。

如果父母与子女同为"速度型"，彼此步调一致倒也没什么问题。假如同为"慢热型"，双方也能融洽相处。

倘若手脚麻利、反应灵敏的妈妈碰上动作缓慢的孩子，结果会是怎样？

"喂！你倒是快点啊！""哎呀，都这个点了！你还不快点！"……在日常生活中，这类下意识的催促是否似曾相识？

反之，如果是老成稳重的妈妈摊上毛手毛脚的孩子，那又是另一番景象："还让不让人安心啊！给我安静点！""总是丢三落四！"……

这些节奏感都是个体差异，并无好坏之分。罔顾个性，强行要求孩子与自己保持同步，结果只能是徒劳。

因此，父母不要以自己的标准强求孩子，而要认清孩子的类型并接受现实。虽然难免会有焦虑，但是若能**意识到"这是个性使然"**，多少可以释怀。

有意思的是，在参加婴儿手语（产后3个月~2岁左右）的讲座时，大部分的妈妈表示孩子的节拍与自己一致。但是，问到爸爸们，有大约一半承认与孩子不合拍。

在女儿3岁之前，我一直以为她和我步调一致。直到某一天，我突然发现她其实是个颇有主见的谨慎派，可以连续多日重复某一件事情并且保持注意力高度集中。

每天早起之后、去幼儿园之前的那段时间对我来说格外难熬。"该出发了！""你怎么还在吃？！"……无论我怎么催促，女儿依然不紧不慢地吃着早饭。我只能耐着性子等她吃完，心中感慨："唉，这孩子的时间观念和我不一样……"

终于，某天，我和3岁的女儿认真探讨。

"纱纱，早晨你还是希望慢慢来吧？妈妈老是催你，是不是很反感？"

女儿只是微微点头。

"既然这样，要不明天我们早点起床？"

"嗯！"

在此之前，早起也是棘手的问题。每每面对我"怎么还在睡？！"的责问，女儿总是以"再睡一会儿嘛！"来搪塞，这回女儿亲口应承。之后，晨起的问题明显有所改观。

如今，每当我因为女儿动作慢而感到烦躁时，我就会提醒自己："她是慢性子……慢性子。个体差异……个体差异，催了也没用。"如此一来，多少可以心安。

值得一提的是，神经语言程序学认可自我暗示的作用，称之为**"锚定效应"**。

"慢性子""个体差异"，重复这些语句是提醒自己"催了也没用"，可以有效缓解内心的焦虑。"孩子的类型和我不一样"之类的话语效果也不错。

这就是"速度型"和"慢热型"的区别。即便节奏不同，我在女儿3岁之前始终认为和她是一类人。归根结底，还是坚信："孩子现在还小，所以是慢热型。长大了一定会和妈妈一样……"由于头胎经验不足，我对女儿与其他孩子的差别也没留意。

我的儿子已经一岁半了。他只有在面对重大危机时才会小心翼翼，除此之外毫不在意。磕在同一张桌子的同一角、跑着跑着就摔倒，这样的情景已是司空见惯。

每当此时，我都觉得儿子应该和我同为"速度型"。不过，如今我的想法略有改变。毕竟，男孩可能不一样。无论属于哪一类型，敢于冒险堪称男性的天性。这并非合拍与否的问题，只是单纯的性别特征。

事实上，约半数的妻子自感与丈夫步调不一致。所以，约一半的爸爸们自认与孩子不合拍也合乎情理。如果孩子长大成人之后依然与你不在同一"频道"，不妨想一想这个比例。

此外，同一性别的兄弟或姐妹也未必合拍。希望爸爸妈妈们可以接受现实，切勿厚此薄彼。

既是个性，自然如肤色、发色一般难以改变。总之，试图改变孩子的做法绝不可能成功。

父母要与孩子节奏同步

基于个体差异,每个人都有自己独特的节奏,而且可以保持一致(参照 Part 1 中的《与孩子步调一致》)。

只不过,"慢热型"一般与"速度型"合不来。因为,同样是跑 100 米,用时 10 秒的人可以与用时 20 秒的人节奏一致,反之则不然。

"照顾慢热的孩子,今天就慢慢准备吧。"这对于"速度型"父母或许不难。但是,要让"慢热型"的父母"配合孩子快快准备",那可就犯难了。

而且,越是疲惫,越是跟不上孩子的节奏。就算父母有心,终究架不住日复一日的疲于奔命。所以,若说配合,也应该是"速度型"配合"慢热型"。

带着子女散步,见孩子步履缓慢、东张西望,"速度型"

父母难免上火。

此时，不妨接受现实，停下脚步，耐心地等着孩子跟上来。

而且，父母可以更进一步，顺着孩子的步伐放慢脚步，这就是保持同步。

你可曾想过，与其被动接受现实，不如主动顺应孩子？

习惯了步履匆匆，慢下来确实不易。但是，如果能与孩子保持同步，也许会有意想不到的收获。

如果你是"速度型"，而孩子是"慢热型"，请务必一试。

专题

长辈可以提供怎样的支持？

育儿极为不易，有工作的妈妈们几乎没有做家务和教育子女的闲暇。即便是全职妈妈，带孩子已是疲于奔命，实在没有精力再做家务。

所以，我们可以求助长辈。如果是有工作的妈妈，日常面对孩子的时间所剩无几，可以悠然地陪伴孩子是妈妈的诉求。如果孩子的爷爷奶奶或是外公外婆可以分担家务，哪怕一年只是寥寥几次买菜做饭、打扫卫生，便是为母子增进感情、欢度幸福时光提供支持。

如果是全职妈妈，由于整日陪着孩子，几乎没有个人时间。因此，安心独处是全职妈妈的诉求。每逢新年或者中秋，孩子的爷爷奶奶或者外公外婆可以带一天孩子，让孩子妈好好休息。妈妈得到放松，自然更能精神满满地面对孩子。

我们家是由我、丈夫、女儿、儿子和我的母亲组成的五口之家。我平日忙于工作，所幸母亲对我们家多有支持。每天的晚饭都是她准备，而且，去幼儿园接孩子的时候，她会带着孩子们在园内再玩上半小时到一小时。然后，我和孩子们一起泡澡，开启其乐融融的亲子时光。

PART 4

引导孩子学会换位思考，在更广阔的天地遨游

360度全方位打量孩子（围着孩子转圈）

——妈妈你在干什么？
——嗯……
——好啦、好啦。

——你在做什么呢？
——让我好好看看嘛。

——呵呵呵
——嘻嘻嘻
（瑟瑟发抖）

——妈妈，从后面可以看到内裤啦。
——啊！

转变"视角"会有新的发现

通过上一章的讲解,我们得知每个孩子的特点不同,父母理应接受。

下一步,就是转变一贯的"视角",客观而非主观地审视孩子。

人不能只从一个角度看待某一事物。换个位置，哪怕只是挪动一步，眼中的风景就会大不一样。即便是同一个人，伴随着时光的流逝，体貌特征等也会有所不同。

以观察雪人为例，从正前方、正后方、斜上方、正上方看，或趴在地上看，形状各不相同。

除了位置之外，时间也会影响观感。例如，日出前、晴天、大雪中、傍晚时分，所见明显有别。

如果用照片记录，你会不禁惊叹：同一个雪人竟然存在诸多差别！

此外，在同一时间面对同一个人，精疲力竭的人和精神满满的人也有不同的看法。毕竟，心情会在很大程度上左右感受。

"我们家的孩子唯唯诺诺，太老实了……"虽然家长如此抱怨，周围的人却并不认同："这有什么不好？难道你希望孩子盛气凌人？"在父母和他人面前，孩子的表现未必一致。因此，"唯唯诺诺""老实"或许只是孩子在父母眼中的印象。

总之，**即便面对同一个人或同一事物，你和他人的看法也可能并不相同。**因此，父母需要学会转变视角。

视角多种多样，具体情况具体对待。

转变视角有助于家长客观地面对孩子、亲近孩子，可谓好处多多。对于总盯着孩子缺点的父母来说，这个办法尤其有效。

全方位观察孩子

你平时习惯从哪个角度打量孩子？

客观审视孩子的家长不在少数，不过，如果把孩子和同龄人混在一起，相信不少父母只盯着自己的孩子。

"我家儿子真是乱来，每次都把衣服弄脏。果然是男孩子……"

以某妈妈的抱怨为例，"乱来""弄脏衣服"虽然也是事实，但和周围的孩子相比，程度或许没那么严重。

父母会不自觉地留意"我家孩子"的缺点，因此需要<mark>站在更高的角度看待孩子</mark>。

就像给孩子拍照的时候，不必只拍孩子，要试着站在高处以广角镜头拍摄。当然，把其他孩子也拍进去。

回到那位妈妈的抱怨。如果从更高的角度来看，其他男孩也是这样吗？女孩们又是怎样的表现？

只拍自己的孩子　　　　　　把其他孩子一起拍进去

**换个角度，
也许可以发现孩子全新的一面。**

经过仔细观察，发现不少男孩更加调皮，甚至弄脏衣服的女孩也不在少数。而且，就算依然觉得自己的孩子"乱来"，感觉似乎也没那么讨厌了。

换言之，即使"我家孩子最乱来、衣服最脏"，但是和周围的孩子一比，或许会有新的想法："总是精神满满也不错！"

接受孩子本来的样子

因此,观察孩子时不能把视角局限于一处。上下前后、侧面等都是合理的观察角度。或者,围着孩子转一圈观察,这也是一种不错的方式。

"我家儿子真是乱来,每次都把衣服弄脏,果然是男孩子……"如果有这样的烦恼,可以试着从相反的角度设想:"也许孩子在家太闷了""索性疯个够吧""衣服没脏反而担心没玩好""开心就好"……

同时,父母切勿在心中勾勒孩子的理想形象,例如:"如果我家孩子每天笑容满面、乐于助人,那该多好啊!"

理想终究只是设想,而理想与现实的差距就是自身压力的来源。如果可以换个角度审视,压力就会缓解许多。

总之,多做与心声截然相反的设想,并且杜绝不切实际的幻想。

而且，随着这样的设想越来越多，内心也会越来越认可现状："这样也没什么不好嘛！"**接受孩子本来的样子**，继而调整自己的心情，你和孩子都会轻松许多。

父母自己的孩提时代

第三个视角是"回想自己的孩提时代",这是我最喜欢也认为最有用的方式。其实,许多父母在无意识间已经用上了这个技巧。

人的一生会经历 3 段育儿时期,你知道具体怎么划分吗?

"目前是第 1 阶段?""生 3 个孩子就是完成 3 个阶段了吧?"……这些回答都是大错特错。

当前养育子女的父母正处于第 2 阶段,关心孙辈教育的爷爷奶奶或者外公外婆则处于第 3 阶段。没错,第 1 阶段就是自身长大成人的过程,即"自己的孩提时代"。

第 1 阶段:自己的孩提时代

第 2 阶段:自己为人父母、养育子女的时期

第 3 阶段：自己成为祖辈、守护孙辈的时期

如果你正为养育子女头疼不已，那么，首先恭喜你已经完成"最初的育儿阶段"，目前正处于第 2 阶段。

在培育孩子的时候，我最看重的就是母亲的建议。在编写育儿书籍的时候，我的心得体会主要来自父母抚养我长大的经历。

"妈妈那时候的一番话让我很高兴。""父亲很讨厌这样的行为。""老师的那句话很伤人。"……请好好回忆一下自己的孩提时代，你可以从这个宝库中挖掘出各种隐藏的财富。

不过，也许有人实在回想不起来。那么，不妨问自己以下几个问题：

① "如果是小时候的我会怎么想？"

这个问题旨在根据自身的经历理解孩子。"小时候的自己遇到相同的事情会怎么想"，从这个角度切入可以发现有用的

答案。

② "换成现在的自己，我会怎样看待？"

以上两个问题有助于让自己身临其境，站在孩子的角度思考。如果问题①不能找出合理的答案，可以试试问题②。

当然，有时候很快就能找到答案，有时候则不然。若能迅速得出答案，那就再问第三个问题。

③ "那么，身为父母的我该怎么做？"

想必可以体谅孩子的心情，言行也和之前有所不同吧？

假设某天傍晚，你在厨房忙着准备晚饭。突然，从客厅传来拍打声和4岁儿子的声音："大笨蛋！"。然后，只听1岁大的女儿大哭起来。这时，你会怎么做？

"哎呀，是哥哥不好吧？你怎么能打妹妹呢？"也许这是你的第一反应，但在开口之前请问一问自己：

① "如果是小时候的我会怎么想？"

② "换成现在的我，会怎样看待？"

而且，哥哥和妹妹的感受也是大不相同。

哥哥多半觉得委屈："不分青红皂白就骂我！""凭什么大的就要让着小的？""妹妹把我的笔记本撕破已经够气人的了，还被妈妈这么说！"……

怎么样？是不是各类想法涌上心头？

假如父母自身是独生子女或者年幼的一方，也许不能体会这样的心情。不过，只要发挥想象，从孩子的角度思考，通过问题②往往可以得出答案，继而追问③："那么，身为父母的我该怎么做？"

"好好听一听吵架的原因""妹妹也有可能犯错，不能一味要求哥哥忍让""首先安慰笔记本被撕破的哥哥"……这些答案合情合理。

分三步的提问方式乍看有些麻烦，因此需要多加尝试。一旦养成习惯，便可运用自如。

"如果问题①和问题②都没有答案，该怎么办？"

不必担心。只要问题存在，你就会下意识地把它记在心头。在从早到晚的 24 小时内，无论醒着还是睡着，是做饭、上班、还是与人交流，你都会留心发掘答案。

"咦？'gūdú'两字怎么写来着？"这样的场景在日常生活中并不罕见。很多人马上掏出手机查阅，如果正好手机不在身边，那就暂时搁置。然后，过了两天突然如梦方醒："对啦，是'孤独'！"

这就是潜意识的力量。即便当时没能找到答案，也会念念不忘。因此，面对一时回答不上来的孩子，父母切勿立马动怒。也许，过一会儿孩子就能给出答案。

"哎呀，如果当时这么说就好了……"假如抱有这样的遗憾，那么，下次遇到类似的情形请务必说出来。

无论改变还是尝试，效果未必立竿见影。因此，请家长们切勿急躁、慌乱，而要以平常心对待："即便今日不行，明天再试也可。"

耐心地跟孩子说话

一般来说，父母对子女不耐烦多半发生在孩子不听话的时候吧？

"开饭啦！"妈妈满心欢喜地呼唤，结果孩子毫无回应，于是怒从心起，"别不识相！赶紧吭声，给我过来！"

这样的故事在我家时常上演，而且，更让我怒火中烧的是连丈夫也不应声。

屡次三番要求对方给予回应，然而收效甚微。此时，请暂且压下怒火，问一问自己：如果面对的是"学生时代的朋友""同事"或者"婆婆（岳母）"，结果是否不同？

或许生气依然难免，但是至少不会这么说，取而代之的是："饭菜已经准备好了，你有没有听到呢？赶紧过来吧，别等菜凉了。"或者是："打扰了，饭菜已经备好，请上桌吧。"

总之，即使话中带刺，至少不失礼貌。

换个角度看待

"我家孩子真是乱来,每次都把衣服弄脏。"

换个角度来看

假如宅在家里看电视的话,那才让人担心呢。

从高处来看

可以看清我家孩子。

原来其他孩子也一样啊!

不少女孩子也是脏兮兮的呢。

"怎么喊都不过来" 如果面对的是成人

假如是婆婆(丈母娘)、同事、朋友……

饭菜已经准备好了,你有没有听到呢?赶紧过来吧,别等菜凉了。

好。

"兄妹俩怎么又吵架?" 如果是小时候的自己会怎么想?

怎么又欺负妹妹?

↓ 不能这样说

发生什么事了?

我喜爱的笔记本被撕破了!

123

丈夫、孩子、父母……越是亲近的人，说话越是随意，一言不合而怒上心头或者闷闷不乐的结果也在情理之中。

"别不识相！赶紧吭声，给我过来！"假如被人这么说，你会怎么想？

"真烦，我本就打算过来的……"小时候，我常常这样顶撞母亲。

"饭菜已经准备好了，你有没有听到呢？赶紧过来吧，别等菜凉了。"如果父母可以换个说法，即便语气不悦，孩子也不至于勃然大怒，而且还会老老实实答应一声。

在亲人面前十分放松，难免会有口无遮拦的时候。如果说话欠考虑，肆意宣泄怒火，只会弄得彼此都不愉快。

总之，开口之前还请三思，问一问自己："如果面对的不是孩子会怎么说？""对朋友该怎么说？"……

影响孩子心情的批评方式和表扬方式有哪些?

批评或表扬的 3 个主语

在养育子女的过程中,表扬和批评可谓家常便饭。无论父母是漫不经心地随口一夸,还是声色俱厉地大声训斥,都会对孩子的心情产生极大的影响。

首先需要留意的是主语。我一般会以下列3类句式开启和孩子的交流。

① "我"讯息，以"我"开头
② "你"讯息，以"你"开头
③ "它"讯息，以"它"开头

一般来说，表达自己要做什么的时候用"'我'讯息"，要求对方做什么的时候用"'你'讯息"，描述物体的时候（如"花很漂亮"）用"'它'讯息"。

这便是主语的区别。在实际运用中，改变主语会给对方带来不一样的感觉。

以批评和表扬为例，批评时需要多用"'我'讯息"和"'它'讯息"。

通常，"'你'讯息"在批评他人的时候较为多见。然而，"'你'讯息"像是在下定义，"你是……样的人"感觉是对对方的全盘否定。

假设孩子不小心把橙汁洒在你的西服上,你会怎么说?

"真是的,小心点啊!"

这就是典型的"'你'讯息"。在日常生活中,主语省略的情形屡见不鲜,不过,祈使句的主语一般都是"你"。因此,这句话的完整表述应该是:"你小心点啊!"

突然被人这么训斥,大多数人的第一反应是身子一哆嗦吧?洒了橙汁本是无心之举,结果却被说得仿佛一无是处,对方难免垂头丧气。

"哎呀,橙汁洒啦……"如果换成"'它'讯息",就会给人以陈述客观事实的感觉。既没有责备孩子的意思,也听不出你是否生气。

"哎呀,完了!西服弄脏了,好惨!"这句"'我'讯息"的完整表述是:"哎呀,(我)完了!西服弄脏了,(我)好惨!"

如此一来,孩子的关注点在于你的感受,至少不至于惊慌失措。而且，这番话主要表达"我"的感受和想法，没有对孩子全盘否定的意思。因此，孩子可以反省自己的错误，由衷地说一声"对不起"。

综上所述，"'我'讯息"和"'它'讯息"都没有直接提醒孩子的意思。

"那么，如果孩子不思悔改该怎么办呢？"

答案其实很简单。保持语气平和，在以"'我'讯息"和"'它'讯息"陈述事实之后，再补充一句："下次注意哦。"

虽是"'你'讯息"，却没有批评当前错误的意思，而是提醒今后小心留意。于是，孩子也不会有自己被批得一无是处的感觉。覆水难收，再严厉的批评终究于事无补，不如着眼于未来。

"但是，孩子屡教不改，总犯相同的错误，那该怎么办？"

或许有人会这么想。毕竟，父母的忍耐也有限度。

此时，建议和孩子一起剖析原因。是杯子摆放的位置不对，还是不小心手滑？也有可能是选的杯子本身就不方便孩子使用。

找出原因，然后与孩子商量对策。如此一来，双方都不再剑拔弩张，事情也会朝着积极的方向发展。

"可是，我本来就忙得不可开交，孩子还添乱，怎么可能不紧不慢地说'哎呀，橙汁洒啦'之类的话……"

没错，孩子犯错不是时候，父母没法保持心平气和也在情理之中。但是，自身的心情姑且不论，至少留意3类主语的区别使用。

例如，早上急着上班，送孩子去幼儿园的时间本就十分紧张。某日正准备出门，孩子突然不小心打翻杯子，水溅了一地。

"啊！真是的，上班要迟到了！"虽然心里叫苦，但是对着孩子发火只是浪费时间。于是，我立马换了说法："啊，打翻杯子啦？为什么会洒出来呢？现在时间紧迫，妈妈先把地板擦干。如果今后遇到类似的情况，而且时间宽裕的话，你要和妈妈一起擦哦。"

说话的时候人也没闲着，迅速把地板擦干。虽然我的语速飞快，但是孩子也主动认错："嗯！妈妈，对不起！"收拾完之后，我又喊道："好了，赶紧出发！"孩子一口应允，赶紧随我出门。

诚然，父母不可能每次都有大把时间和孩子慢慢细说。但是，只要掌握3类主语的特征并结合实际灵活运用，父母可以养成良好的习惯：<mark>无论多么烦躁或紧张，绝不会一气之下用"'你'讯息"。</mark>

① 时间紧迫，孩子还添乱
② 生气
③ 孩子紧张
④ 耽误出门

为了避免这样的恶性循环，父母需要对②格外留心，以"'我'讯息"和"'它'讯息"代替"'你'讯息"。若能做到这点，何愁每日不能和孩子愉快相处？

接下来是表扬方式。

看到年幼的孩子饭后认真地把餐具端到水槽边，你会怎么做？

"哎呀,太谢谢啦!妈妈很开心哦。"

"妈妈(我)很开心哦"显然是"'我'讯息"。妈妈表达自身的喜悦,孩子也为能帮上妈妈的忙而心花怒放。

"你真乖!""你能主动帮忙真是太好啦!"

虽然是"'你'讯息",但和批评的时候正相反,听起来是对整个人的认可,孩子想必会欢欣鼓舞。

"'它'讯息"陈述客观事实,甚至听不出赞扬的意思,因此,或许不适用于表扬孩子。

不过,对于屡屡被人贬低的孩子或者自信心不足的成人来说,"'它'讯息"具有奇效。

如果自身毫无自信,对他人的夸奖也会心存疑虑:"实在不敢当……"此时,若能把表达自身看法的"'我'讯息"改为陈述客观事实的"'它'讯息",对方更容易接受你的表扬。

在日常口语中,由于主语时常省略,正确区分并合理运用这3种句型确实不易。但是,请家长们务必多加尝试,掌握这项实用技巧。

"我"讯息　　　　　"它"讯息

哎呀,完了!西服弄脏了,好惨!

哎呀,橙汁洒啦……

妈妈,对不起!

训诫时使用"'它'讯息"
表达自身心情时使用"'我'讯息"

正所谓"习以为常"，随着对技巧的运用日趋熟练，3类主语的选用也变得信手拈来。

无论多小的孩子，只要到了2岁，就可以对这3类主语做出不同的反应。如果你希望更为直观地感受三者的区别，不妨对自己的另一半试一试。

表扬可以引导孩子不断进步

"孩子需要多夸""表扬激励孩子进步",这类说法大家耳熟能详,具体是什么原因呢?

表扬有助于提升孩子的自我认可能力,激励孩子更加自信:"我一定可以做到!"而且,不需要父母"必须怎么做"的鞭策,孩子自己就会努力。因此,父母千万不要吝啬对孩子的表扬。

面临育儿的各种问题,有时候无须另一半插手,自己就能搞定;有时候孩子哭个不停,父母也是无计可施。在父母的内心深处,觉得与其说孩子"值得表扬",倒不如说"仍须努力"。

十月怀胎期间,妈妈一般都有怎样的心愿呢?虽说畅想未来,但主要还是希望孩子"顺利出生,健康平安就好"。

那么,这样的期待又是怎么消失的呢?多半是在一次次与其他孩子的对比中消磨殆尽的,例如,"××3个月的时候已经可以抬头,我们家却……""一岁半的××已经能说话,可我的孩子……"

这样的比较毫无意义，因为**孩子的成长速度因人而异，而且差异极大。**

例如，有的孩子学得快，10个月左右就可以说话，但有的孩子要等到2岁以后才会说话。此外，有的孩子约10个月就能走路，也有的孩子要到2岁才能学会走路。这些都是客观规律，纯属个体差异。无论父母怎样说教、自身怎样努力，这都是无法改变的事实。

所以，把特点迥异的孩子放在一起比较毫无参考价值，甚至会带来负面效果。

例如，2岁的孩子终于可以开口说话，但是妈妈一点都不高兴："××家的孩子一岁半就能和妈妈交谈了呢……"言下之意，自己的孩子只是赶上进度而已。更有甚者，不少妈妈觉得孩子落后于同龄人，需要奋起直追。

相信更多的妈妈还是喜笑颜开，如释重负。不过，毕竟心底认为孩子"总算开口说话"，这样的思维方式导致妈妈们习惯先入为主地否定孩子。

我在第 2 章提过，否定句会给孩子的潜意识带来不良的影响，极大地打击孩子的自信心。

简而言之，如果父母喜欢拿别人家的孩子说事，子女难免会心灰意冷："如果不能……，那就证明我没用。""因为做不到……，所以就不要我了吧？"……

虽然这不是父母的本意，但是孩子难免会有这样的错觉。因此，不必将孩子与他人比较，而是把孩子的每一个进步都看在眼里，并且予以肯定。许多事情在大人看来或许轻而易举，但是如果孩子从零开始努力并且最终做到，那就值得赞扬。

假设，因为工作关系或者即将与调任泰国的丈夫团聚，你需要学习"泰语"。由于此前毫无基础，你对泰语的文字和发音毫无概念。

于是，就从最常用的自我介绍学起："你好，我是××，兴趣是……。请多关照！"对初学者来说，这样的起步虽然简单，却是了不起的开始。

"可是××已经说得很流利了""这种程度的泰语几乎人人都会说吧"……如果听到这些评论，虽然心知事实确实如

不必强求"爬行的孩子站立""站立的孩子行走"……
着眼于当前的进步,积极予以表扬。

此，但是学习的热情还是会大受打击。

孩子的心态也是如此。一岁半才开口说话依然值得肯定；2岁开始走路也是人生的里程碑；就算比同龄人晚一年学会乘法口诀也是可喜的进步；考试从50分提到60分，也需要加以鼓励。

父母理应及时表扬孩子，切勿对孩子细微的进步视而不见。越是贬低孩子，孩子越没有斗志。只有多表扬和鼓励孩子，孩子才能动力十足。

而且，只要父母对这些小小的进步及时予以肯定，孩子也会意识到"爸爸妈妈在关注我""得到父母的认可啦"。如此一来，孩子的自信心会大大增强。

对孩子来说，父母的表扬就像明媚的阳光、翘首以待的及时雨。所以，在守护孩子成长的过程中，家长们务必多表扬孩子。

在育儿中，有五类语言非常重要，父母要学会运用，即："爱的语言""呼应的语言""感谢的语言""请求的语言""道歉的语言"。

从构建良好的人际关系来说，这五种语言缺一不可。因此，父母务必言传身教，为孩子今后的美好人生保驾护航。

"喜欢"和肌肤接触的幸福感——"爱的语言"

所谓"爱的语言"就是直接予以肯定，**向孩子的潜意识注入丰富的正面信息。**

一起洗澡时脸颊相贴，道一声"妈妈最喜欢你了"；睡前也不忘亲亲孩子，"晚安，我的宝贝"……在日常生活中，这样的机会不胜枚举。

随着子女逐渐长大，彼此不好这般亲昵，适时表达对孩子的喜欢即可："你出生的时候我可开心了！"

我的母亲从小没有得到父母这样的话语，一直引以为憾。所以，她对我毫不吝啬这方面的表达："妈妈一直爱你哦！""你出生的时候我可高兴了，感觉死而无憾。"……

除此之外，拥抱和亲我的脸蛋也是家常便饭。总之，母亲爱的语言格外丰富，让我深切体会到"妈妈很需要我""如果我不在的话妈妈会很伤心"……

从初中、高中，直到大学，我虽然免不了被人欺负，所幸也能遇上热心助人的朋友，每每总能克服难关。

不过，可以说，从小来自父母的源源不断的"爱的语言"才是我的精神支柱。

遭遇校园霸凌时，多么难听的话都有可能听到。例如："你还能去哪儿？""你太碍事了！"，甚至"你怎么还不去死！"……

此时，==心（潜意识）中积累的"爱的语言"就是孩子的救命法宝。==

"你还能去哪儿？"→"妈妈需要我，我就回到她身边去吧！"

"你太碍事了！"→"可是爸妈都说需要我呢！"

"你怎么还不去死！"→"我可是爸妈的宝贝！我死了他们不知道会有多伤心，所以怎么能死呢？！"

==一旦孩子的内心产生动摇，"爱的语言"就会予以支撑。==反之，如果孩子几乎没有听过"爱的语言"，结果会是怎样？

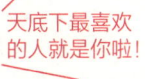

**爱的语言和肌肤接触
可以让孩子的内心充满活力。**

"你还能去哪儿？"→"是啊，没人需要我。"

"你太碍事了！"→"话说爸妈也常常对我发火。"

"你怎么还不去死！"→"一了百了也行吧。"

倘若这般妄自菲薄，即便最后清醒过来，也是一段痛苦的回忆。烦恼、焦虑久久郁结，事后回想依然心有余悸。

校园霸凌防不胜防，面对语言的暴力，孩子应该学会反击。"一切尽在不言中"的"领悟"，我认为这并不适用于孩子。

前述讲到语言只占沟通的7%，说话时的声调占38%，剩下的就是肢体语言。不少父母嘴上虽然不说，但是一把抱住孩子的举动足以说明内心的喜欢。

如果父母一边说话一边抱住孩子，"因为喜欢所以抱我"的感觉毋庸置疑。但是，假如只抱不说，孩子或许心存疑虑："应该是喜欢的吧，所以才会抱我……"虽然比什么都不做要好，但效果还是差了一些。

当然，孩子如果平时不缺"爱的语言"，一把被抱住时也能明白"这是喜欢我的表现"。不过，倘若此前对"爱的语言"

并不熟悉，或许就会觉得莫名其妙。

许多人对"一切尽在不言中"津津乐道，实际却并不善于使用肢体语言，更何况是话语。尽管内心"喜欢""重视"的感觉格外强烈，却不知道该如何表达。要求人生阅历尚不丰富的孩子"察觉"更是强人所难。

我相信外婆疼爱我的母亲，只不过她不善于表达，因此母亲感受不深。

"如果你不说，对方怎么可能知道！"这是母亲的口头禅，而且，她一直积极向我传递"爱的语言"。在此，我郑重呼吁各位家长对自己的孩子切勿吝啬。

"可是不习惯这么说，总觉得难为情……"

其实，父母大可不必觉得害羞。爱的语言越丰富，孩子就越有活力。人生如扬帆远行，而"爱的语言"可以帮助孩子乘风破浪。

"开吃啦"和美食——"呼应的语言"

面对孩子、伴侣、亲戚、邻居、妈妈圈的朋友、同事,你每天都会坚持打招呼吗?从早到晚,与人寒暄、相互呼应的机会着实不少。

① 早上好

② 开吃啦……承蒙款待

③ 我走啦……路上小心

④ 你好、再见

⑤ 我回来啦……欢迎回家

⑥ 辛苦了

⑦ 晚安

日常呼应不可或缺,当着孩子的面尤其不能省略。正所谓

"孩子是父母的镜子"，**孩子以父母为榜样，观察并效仿父母的言行。**

如果父母在这方面偷懒，孩子则理所当然地认为能省则省。在加入班级等集体之后，即便老师三番五次强调与人呼应的重要性，但如果缺乏这样的家教，孩子连一句"开吃啦"都羞于启齿。

我的丈夫就属于这一类人。婚后最让我诟病的一点，就是他不善于与人打交道，而且，他对外还能寒暄几句，回到家则没有任何表示。我辛苦准备饭菜，他端起来就吃，连一句话都没有，令我心寒。我虽然提醒多次，但是收效甚微。直到孩子出生，他才略有改观。

如果一个人连招呼、回应都没有，周围的人多半也会倍感煎熬。

热情呼应有助于拉近距离、与他人和睦相处。面对下意识模仿父母的孩子，请务必以身作则，引导孩子养成热情呼应的习惯。

从幼儿园到小学，孩子对此早已习以为常，甚至某天还会

家人是孩子最好的榜样，
大家一起喊出来吧！

反过来提醒我:"妈妈,你没说'开吃啦',这可不行哦!"

虽然是因为忙碌而忘记,但是妈妈切勿烦躁:"吵什么吵!难得忘记一次而已。"此时更需要温柔的回应:"对哦,妈妈忘了呢。多谢指正,开吃啦!"这样做有助于孩子加深印象:"果然,这句话不能不说……"每当女儿指正我的错误,我都是如此应对。

"谢谢"与笑脸——
"感谢的语言"

在得到他人的帮助时,"多谢,幸亏你帮忙"的说法会比"抱歉,劳烦你出手"的说法更让对方欣慰吧。

"感谢"的潜台词是"这样的帮助十分难得""多亏有你",本身包含肯定的意思。毫不为过地说,**感谢带给孩子的幸福感远超父母的想象**:"我帮到亲爱的妈妈啦!""我的努力给妈妈带来了欢乐!"……

通过自己的努力使对方快乐,并且收获感谢,这样的经历妙不可言,而且容易上瘾。为了继续获得感谢,孩子也会加倍努力。

再小的孩子也有值得称赞的地方，例如，"谢谢你生来当妈妈的小孩"。在给婴儿脱裤子的时候，如果对方配合地抬起腿，父母可以说："啊，很顺利呢。帮大忙啦，谢谢！"

等到子女年龄稍大一些，每每孩子帮忙分担家务，例如帮忙配菜或者饭后收拾餐具，父母都要认真表示感谢。

在日常生活中，该说"谢谢"的时候切勿含糊，同时面带笑容。而且，可以扩大感谢的范围，一句"感谢你一直以来的帮助"更会令孩子如沐春风。

"话虽如此，每天的生活疲于奔命，孩子也不让人省心，实在没法笑着说谢谢啊……"

或许事实的确如此，但是努力挤出笑容总不是坏事。哪怕只是一时自欺欺人，也请务必尝试。至少，孩子一定会报以微笑。就算神情害羞，肯定也是心花怒放。

既然"谢谢"具有愉悦身心的魔力，孩子自然会努力争取更多。今天随手给妈妈递个菜就获得感谢，第二天就会主动帮忙配菜。"谢谢你对弟弟（妹妹）这么好！"因为父母的这番致谢，孩子更有动力善待弟弟（妹妹）。

不要说"抱歉,劳烦你出手",
而是"多谢,幸亏你帮忙"。
感谢的话人人都爱听!

说教未必有用,不如适时道一声"谢谢",孩子更容易接受。

越是忙得不可开交,越要把握孩子的心理。只要微笑着说声"谢谢",自身的烦恼或许也能减轻不少。

喜欢被人"求助"——
"请求的语言"

孩子并非只能求助他人，父母应当言传身教，引导子女明白：再小的孩子也能帮助他人。

其实，孩子最喜欢被人"求助"。"姐姐，你好厉害！"面对妹妹的崇拜之情，姐姐的守护之心也更强烈。"××，这事可以拜托你吗？"结果，孩子两眼放光，一口答应："好！"

希望孩子做某事的时候，除了表示感谢，还可以以"请求"的方式要求对方。"妈妈实在忙不过来了，需要你的帮助。拜托啦！"在孩子施以援手之后，记得由衷地道一声"谢谢"。

"谢谢"和"请求"同时使用效果更佳。完成母亲请求的事情可以让孩子获得成就感："我帮到妈妈啦！"如果再得到一句"谢谢"，孩子会更加开心。妈妈的目的也得以达成，可谓一箭三雕。

孩子不是只会求助他人,作为家庭成员之一,孩子完全可以为家庭做出贡献。因此,父母提出"请求"合情合理。

"摆放筷子的任务就拜托你啦!"孩子起初可能并不熟练,甚至会把筷子掉落在地上。但是,**孩子的学习能力远超父母的想象**。无须多久,孩子便可驾轻就熟。

诚恳地对孩子说"对不起"——"道歉的语言"

如果对孩子有亏欠,你是否会诚恳地道歉?只是,即便心中有愧,往往也是不了了之吧?不过,"刚才真是对不起"才是对孩子的宽慰。

"老是犯同样的错误,今天格外生气""明知不是孩子的问题"……这样的情形在日常生活中并不罕见吧。

在育儿的过程中,令父母感到焦虑的原因实在不胜枚举,家庭氛围由此剑拔弩张。

二娃夜间哭闹导致睡眠不足、生理期本就情绪不稳定、别人家的孩子显得更优秀、孩子他爸周末竟然睡了一整天、在公司被上司挑剔……

理由五花八门,但都不是大娃的责任。因此,迁怒孩子其实毫无道理。

不过，虽说道理心知肚明，但是我也有一项致命的弱点：一旦睡眠不足，就容易失去耐心。于是，因为一些鸡毛蒜皮的琐事立马就对孩子发怒。

即便心中有气，无端发怒总是不妥。然而，孩子屡教不改，我的怒火也远胜平时："喊过开饭了吧！不能马上过来也就算了，但是说过多少遍了，你好歹吭一声啊！"

总之，**在教育子女时，父母应当保持"一贯性"：无论何时，对的就是对的，错的就是错的。**

"睡眠不足导致火气更大"的表现显然与往日不同，久而久之，孩子也就学会了察言观色："今天妈妈心情不错，这个程度应该不至于生气吧？""今天妈妈有点焦躁，还是小心点。"……

这样的习惯断不可取，因为**孩子完全把妈妈的脸色作为自己的判断依据。**

例如，孩子是否收拾玩具完全取决于"妈妈是否会生气"，而不是"自己的事情自己做"。

每次情绪失控，事后我总是懊悔不已。本着"犯错就要马上道歉"的原则，在头脑稍微清醒一些之后，我立刻找女儿道歉："纱纱，刚才真对不起。妈妈今天有点累，所以……"

说"对不起"（致歉）和"有点累"（原因）至关重要。孩子原本因为妈妈的雷霆之怒而郁郁寡欢，一句"对不起"有助于一扫内心的阴霾。而且，妈妈主动认错，孩子意识到责任不在自己，自然如释重负。

面对孩子，父母更会犹豫。既然意识到自身的错误，那就赶紧由衷地说一句"对不起"吧。

"没关系，我原谅你啦。"女儿总会神情镇定地回应。于是，虽然我改不了自己的脾气，但事后也会迅速道歉。"我没做错什么，妈妈是累坏了所以生气。"女儿对此心知肚明，所以毫不在意。

而且，在这番"对不起"和"没关系"的交流之后，我还会补上一句："不过呢，纱纱也是，在妈妈喊你之后要回应哦！"

毕竟，既然比平时更生气，其中就有令自己生气的理由。

由于女儿还小，说这些话的时候我会抱紧她、脸贴着脸，

教育子女的语言

道歉的语言
刚才真对不起，抱歉！

爱的语言
好爱你哦！
有你在真好！
太喜欢你了！

请求的语言
拜托，帮妈妈一把。

寒暄的语言
早上好！
开吃啦！
你好！
我走啦。
路上小心。

感谢的语言
多亏你帮忙
太谢谢啦！

同时语气温柔。彼此已经习惯这样的方式，所以女儿也会反省自己，继而认真地说："嗯，我也要说一声对不起。"

即便在成年人的世界里，不善于道歉的人也不在少数，例如我的丈夫。而且，无论我怎样苦口婆心地劝说，他面对孩子总是说不出"对不起"这三个字。

相比之下，女儿显然不同。在我日复一日的言传身教下，她倒是可以毫无顾忌地说出"对不起"。

即便早晨睡眠不足或者中午没有睡好，女儿在一通发作之后也会表示："妈妈，我刚才说了好多气话，对不起。""抱歉，说了很多过分的话。"……

"嗯……看来事后道歉的事我没少干……"听到与自身口吻类似的道歉语句，就会不自觉地反省错误。我坚信，坦然"认错"的能力会成为女儿将来踏上社会的宝贵财富。

"复述"有助于孩子独立思考

为了引导孩子养成独立思考的习惯,"复述"极为有效,而且不难掌握。

具体来说就是复述孩子的话语,以我和女儿2岁左右时的对话为例。

"妈妈,'灰机'!"女儿手指着天空,一脸兴奋地喊道。

"哎呀,真的呢,飞机在飞。"

等到孩子稍大一些,"复述"可以使孩子从客观的角度审视先前的言论,继而进一步思考。

例如,面对上小学的孩子,可以这么说。

"今天不想去学校……"

"啊?今天不想去学校?"

"有语文考试……"

"这样啊,有语文考试呀。"

"没有复习啊!"

"啊?没有复习……"

"可是,不能缺考。还是去学校吧!"

如此一来,父母无须再做什么,<u>单纯的"复述"便可引导孩子解决问题。</u>

我从女儿2岁时开始复述她的话,借助这个方法,彼此的交流迅速加深。

"妈妈,'灰机'!"

"哎呀,真的呢,飞机在飞。"

"嗖的一下就飞过去啦!"

"是啊,嗖的一下就飞过去了呢。"

有意思的是,女儿对我的"复述"格外开心,甚至期待我这么说。

"妈妈,'灰机'!"

由于在想别的事,我漫不经心地应道:"嗯,是呢。"

"妈妈,'灰机'!"

"嗯,是的。"

"妈妈,'灰机'!"

我这才意识到女儿是要我的"复述",于是赶紧抬头望天:"哎呀,真的呢,飞机在飞。"

"嗖的一声就飞过去啦!"

复述

通过复述孩子的话加深交流。

"是啊,嗖的一下就飞过去了呢。"

虽然多有重复,但是,女儿对我的"复述"乐此不疲。

其实,在成人之间,"复述"==同样可以增强"被接受"的安心,有助于心情愉悦。==

不过,有一点需要注意:不要改动对方的语句,而是原样复述。

"好喜欢露露(宠物熊形状的甜甜圈枕头)!"

"好喜欢这个枕头!"

乍看像是"复述",其实把"露露"换成了"枕头"。总之,照搬原话即可,尤其是关键词不可改动。

为了方便理解,再以成人之间的对话为例。

① A:"昨晚加班到 10 点。"

　B:"啊?加班到深夜啊!"

　A:"昨晚睡眠不足,今天格外累。"

　B:"昨晚没睡好吧。"

② A："昨晚加班到 10 点。"

C："啊？加班到 10 点啊！"

A："昨晚睡眠不足，今天格外累。"

C："昨晚睡眠不足，所以今天格外累吧。"

如果你是 A，是不是觉得 C 比 B 更理解自己呢？乍看对话内容区别不大，但是，重复同样的话语更有认同感。**改变关键词纯属画蛇添足，给对方以没有真正理解的错觉。**

③ A："昨晚加班到 10 点。"

D："啊？加班到深夜啊！"

A："是到 10 点。昨晚睡眠不足，今天格外累。"

D："昨晚没睡好吧。"

A："嗯，其实是睡眠不足，所以今天格外累。"

A 总觉得 D 有所误解，所以下意识地解释自己的话，这样的例子在现实中并不罕见。

其实，对话本身没什么问题，D 也在努力了解 A。只是，在 A 看来，D 并没有真正理解，这才是问题所在。

面对孩子也是如此。虽然父母努力走进孩子内心，但孩子还是觉得"你其实并不懂我"。

若要避免这样劳而无功，只需原样复述对方的话语即可。

但是，面对语言能力尚不完善的孩子，做到这点未必容易。尤其在孩子用错字词的时候，父母的回应更需要技巧，即在不改变关键词的前提下以正确的语句复述。

这已经不是单纯的"复述"，而是"引导交流"。父母坚持"复述"，并以正确的表述潜移默化地影响孩子，子女在感觉被接受的同时也能提高语言组织能力。

"如果记不住孩子的长句该怎么办？"

随着子女年龄增长，这样的烦恼时有发生。此时，不必照搬原话，抓住关键词即可。

"今天下雨了呢，不能出去玩啦。"

"是吗？不能出去玩啦。"（省略"今天下雨"的部分。）

"对啊,好想踢足球!"

"是呢,好想踢足球!"

"哎呀,真没劲!"

"真没劲!"

"明天能踢就好啦!"

"对的,明天能踢就好啦!"

在婴幼儿阶段,父母需要耐着性子"复述"。不过,久而久之,这样的交流也就习以为常。

通过父母的"复述",孩子能深切地体会到自己被理解和接受,从而能安心地思考下一步的行动。

为了培养孩子独立思考的能力,父母务必巧用"复述"的技巧。如果对婴幼儿还不能放下身段,或者希望尽快见效,可以先拿自己的另一半做实验。这原本就是适用于成人的技巧,在孩子身上则更有效果。你会惊喜地发现,彼此的交流明显不同于往日。

优缺点如何转换？

接受孩子的现状，积极表扬和传递正能量。道理不难理解，但是，父母每天为育儿忙碌，难免会有力不从心的时候。

作为本书最后讲解的技巧，"化缺点为优点"正适用于这样的情况。

不少人有这样的烦恼：虽说要多表扬，但实在找不出值得夸赞的地方；本来想夸几句，结果下意识地只盯着缺点；……

然而，只要掌握这个技巧，即便看不到孩子的优点，或者眼中满是孩子的缺点，**依然可以找出许多值得表扬的闪光点。**

首先，写下孩子的3个缺点，例如：①静不下来；②不听话；③总闯祸。

然后，试着把它们转化为优点。

"咦？既然是缺点，怎么可以转化为优点呢！"

其实，所谓的优缺点无非是一枚硬币的两面。如果说硬币对应的是个体特征，那么，基于观察角度的不同，优缺点自然可以相互转变。

如果把上文的3个缺点转化为优点，可以这么理解：①精力旺盛；②有主见；③敢于挑战。

把缺点转化为优点的做法起初或许难以适应，一旦形成习惯，你会发现其实很简单。在日常生活中，每当留意到孩子的缺点，不妨问一问自己，这是否可以转化为难能可贵的优点？

具体怎样把缺点转化成优点呢？在习惯尚未养成的阶段，难免会有词穷的感觉。作为参考，我在表 4-1 给出具体例子，对低月龄的宝宝也适用。

怎么样？如此一来，把缺点说成优点也就容易多了吧？

最后，为了充分发挥该技巧的作用，父母还须注意：不仅对孩子如此，对自己更要如此。

写下自己的 3 个缺点，然后试着转化为优点。于是，素来耿耿于怀的缺点突然变成意想不到的优点。伴随着对自身的认可，即优点越来越多，人也会变得开朗和精神。"原来我还有这样值得称道的地方呢！"总之，务必发掘自身隐藏的另一面，真切地感受到自己确实了不起。

如此一来，即便面对婴幼儿时期的孩子，父母也不再头疼，而是微笑以待。

表 4-1 化缺点为优点

缺 点	优 点	缺 点	优 点
喋喋不休、聒噪	社交型、开朗、精力旺盛	阴郁、沉默寡言	冷静、有自己的世界
静不下来	精力旺盛、行动派	胆小怕事、畏葸不前	稳重
浮夸	善于活跃气氛	消极	保守
不听话、顽固	有主见	杞人忧天	小心谨慎
总闯祸	敢于挑战	毫无主见	朴实
易怒	心直口快、热情洋溢	闷闷不乐	善于反思
丢三落四、粗枝大叶	不拘小节、豁达	神经质	一丝不苟
贪吃	新陈代谢旺盛	怕生	有羞耻心
情绪化	真诚	喜欢宅着，一次只能做一件事	注意力集中
容易腻、注意力不集中	好奇心强、关注新事物	不知道在想什么，如同梦游	想象力丰富、有自己的想法
性急	什么事都尽快完成	爱撒娇	与父母亲近

专题

孩子乐于助人

你在青少年时期是否乐于助人？至少，我就是如此！尽管积极打工和拓展副业，母亲的本职还是家庭主妇。不过，从小学起，我就和比自己小 2 岁的弟弟做家务：叠好晒干的衣服、放好泡澡的水、做饭、擦桌子以及摆放碗筷、下雨时关好窗。然后，我们就在朋友家玩耍。即便母亲直到天黑才到家，我们也能笑脸相迎："妈妈，欢迎回家，给你做了点心哦！"这么做只是为了得到母亲的笑容和夸奖，以至于我丝毫不觉得自己是在帮忙。到了小学高年级阶段，我每周还给参加少年棒球队的弟弟准备饭团。总之，我乐此不疲，直到长大之后才意识到自己确实帮助了母亲许多。

由此可见，还是母亲引导有方！后来，母亲微笑着回忆道："其实，起初并不顺利。你没把盘子洗干净，连洗洁精都残留着，做的饭也是时软时硬。不过，毕竟刚开始，这些都很正常。所以，我真诚地道谢，然后晚上再悄悄地清洗餐具。怎么样？我以自己的亲身经历教会你怎样引导孩子啦。"

的确，如今我也是这样教育孩子的。与我小时候不同，女儿深知自己是在帮我，但还是每天积极施以援手，她常说："纱纱最喜欢帮忙啦！"

后记

　　"我最喜欢你啦!"只有在这样的环境中长大,孩子将来才能孕育出同样这么说的下一代。父母若能安心接受孩子的现状,孩子未来为人父母之后也能教出相似的孩子。

　　总之,接受现实,认可孩子的个性,并且大大方方地对孩子说:"我最喜欢你啦!"

　　只要父母稍微改变方式,陪伴孩子的每一天就会变得更加幸福、有趣。

人并不是为了谁而活,命运只掌握在自己的手中。对孩子来说,自己才是人生的主宰。父母只是子女生命中的重要角色,能做的终究只是支持孩子,相信孩子的未来一切皆有可能。

日复一日的生活让人忙得不可开交,内心期盼孩子可以茁壮成长,同时渴求能够微笑着拥有幸福人生。于是,孩子从父母身上所学所传承的便是你努力的成果。如果父母的言传身教可以引导孩子掌握高明的技巧,那么,孙辈的幸福也有指望。

相信,在孩子的口中,你也会成为"亲爱的、尊敬的妈妈(爸爸)"。

在喧嚣的世界里，
坚持以匠人心态认认真真打磨每一本书，
坚持为读者提供有用、
有趣、有品位、有价值的阅读。
愿我们在阅读中相知相遇，在阅读中成长蜕变！

好读，只为优质阅读。

引导式亲子对话术

策划出品：好读文化 　　　　责任编辑：马燕
监　　制：姚常伟 　　　　产品经理：姜晴川
内文制作：三喜

图书在版编目（CIP）数据

引导式亲子对话术/（日）本田千织著；孙律译. -- 北京：中国友谊出版公司，2023.4
ISBN 978-7-5057-5490-4

Ⅰ.①引… Ⅱ.①本…②孙… Ⅲ.①婴幼儿—家庭教育 Ⅳ.① G781

中国版本图书馆 CIP 数据核字 (2022) 第 091057 号

著作权版权登记号 图字：01-2022-5718

Kosodate ga Mirumiru Rakuninaru Akacyan tono Osyaberi Book
© Chiori Honda 2011 First published in Japan 2010 by Gakken Publishing Co., Ltd., Tokyo
Simplified Chinese translation rights arranged with Gakken Plus Co., Ltd.
through East West Culture & Media Co., Ltd.

书名	引导式亲子对话术
作者	〔日〕本田千织
译者	孙律
出版	中国友谊出版公司
发行	中国友谊出版公司
经销	新华书店
印刷	三河市嘉科万达彩色印刷有限公司
规格	880×1230 毫米　32 开 6 印张　90 千字
版次	2023 年 4 月第 1 版
印次	2023 年 4 月第 1 次印刷
书号	ISBN 978-7-5057-5490-4
定价	45.00 元
地址	北京市朝阳区西坝河南里 17 号楼
邮编	100028
电话	（010）64678009

如发现图书质量问题，可联系调换。质量投诉电话：010-82069336